KB260922

잡아라

잡아라

초판 인쇄 2004년 5월 3일
초판 발행 2004년 5월 10일

지은이 신디 크로터
옮긴이 김세중
펴낸이 김철수
편 집 최봉식
디자인 김현민
마케팅 김진태 · 김규형
관 리 최경석

펴낸곳 아이디북
등 록 1988년 2월 27일 제8-44호
주 소 서울시 마포구 상수동 231번지 호수빌딩 301호
전 화 (02)322-9822~5 | 팩스 (02)322-9826

ISBN 89-903510-7-3 03320

* 잘못 만들어진 책은 구입하신 서점에서 교환해 드립니다.

살아 숨쉬는 물고기를

잡아라

Catch!

A Fishmonger's Guide to Greatness

신디 크로터와 '월드 페이머스 파이크 플레이스 피시'의 생선장수들 지음 | 김세중 옮김

아이디북

CATCH! A Fishmonger's Guide to Greatness

머리말

  '월드 페이머스 파이크 플레이스 피시 마켓(World Famous Pike Place Fish Market)'은 워싱턴 주 시애틀의 '파이크 플레이스 퍼블릭 마켓'에 있다. 1965년에 존 요코야마(자니:John Yokoyama–Johnny)가 이 어시장(魚市場)을 인수했을 때만 해도 오늘날과는 완전히 달랐다. 너무나 평범하고 누구나 생각할 수 있는 그런 곳이었다. 하지만 이제는 완전히 다른 곳으로 바뀌었다. 말 그대로 '세계적으로 유명한' 곳이 되었다.

  '월드 페이머스 파이크 플레이스 피시'는 시애틀을 찾는 많은 관광객들이 들르는 필수 코스 가운데 하나이다. '파이크 플레이스 피시'를 잘 모르는 사람도 시애틀에 가면 생선을 던지는 그런 곳이 있다는 이야기를 듣고 찾아온다. 게다가 NBC의 '프래지어(Frasier)"나 MTV의 '리얼 월드(The Real World)', '에머릴 라이브(Emeril Live)', '휠 오브 포춘(Wheel of Fortune)', 그리고 영화 '프리 윌리(Free Willie)'에도 이 어시장이 등장한다. 또한 '파이크 플레이스 피시'는 '패스트 컴퍼니(Fast Company)'와 '토론토 스타(Toronto Star)' 같은 잡지와 신문에도 소개된 바 있다. 1분에 가장 많은 생선을 던진 기록으로 기네스북에 오르기도 했다.

CHLC(ChartHouse Learning Corporation)는 '파이크 플레이스 피시'를 주제로 기업 교육용 영화 두 편을 제작했고('Fish!'와 'Fish! Sticks'), 유명한 베스트셀러인 '펄떡이는 물고기처럼(Fish!)'을 출판했다. 이 책은 월스트리트저널과 뉴욕타임즈에서 베스트셀러로 선정되었으며, 일본과 독일에서도 베스트셀러 리스트에 오르기도 했다. 2001년 3월에 CNN은 '월드 페이머스 파이크 플레이스 피시 마켓'을 미국에서 '가장 즐거운 일터'로 선정하여 소개했다.

요즘 '파이크 플레이스 피시'와 비즈 퓨처스 컨설팅(biz-FUTURES Consulting)은 그들의 경험과 철학을 국내외에 소개하기 위한 작업을 추진하고 있다. 자니와 짐 버그퀴스트(Jim Bergquiest), 그리고 생선장수들은 여러 기업과 컨퍼런스를 찾아가 생선을 날리면서 보다 활기찬 삶에 대한 관심을 불러일으키고 있다. 더욱 중요한 부분은 사람들의 삶에서 차이를 만들고 있다는 점이다.

계절에 따라 조금씩 차이가 있지만 '파이크 플레이스 피시'

에서 일하는 생선 장수는 15명에서 17명 정도 된다. '피시망거 (fishmonger–생선장수)'라는 표현은 15세기 때부터 생선 파는 사람들을 부르던 단어이다. '파이크 플레이스 피시'에 가면 언제나 생선장수 6명이나 9명이 생선을 팔고 있다. '파이크 플레이스 피시'는 연중무휴로 문을 연다. 월요일부터 토요일까지 하루 12시간, 일요일에는 10시간 일한다. 어시장에서 일하는 생선장수들의 활기차고 즐거운 모습은 잘 알려져 있지만 이들의 놀라운 경제적 성과는 사람들이 관심을 갖지 않는 편이다. 지난 17년 사이에 '파이크 플레이스 피시'의 일반운영비는 거의 25퍼센트 감소했다. 반면 매출은 4배로 뛰었고 이익도 2배 증가했다.

나는 캘리포니아주 샌 루이스 오비스포에 위치한 캘리포니아 폴리테크닉주립대학교 산업기술학과에서 품질 보증과 기업 교육을 가르치고 있으며, 2001년 가을에 있었던 한 리더십 컨퍼런스에서 '파이크 플레이스 피시'를 접하게 되었다. 처음에는 '파이크 플레이스 피시'에서 새로운 품질관리 기법을 배울 수 있으리라 생각했으며, 강의에 도움이 될 만한 것이 있는지 알아보기로 했다.

'파이크 플레이스 피시'에 관한 수많은 소문들이 나를 당혹스럽게 만들었다. 시애틀의 작은 어시장이 모든 산업 분야의

크고 작은 기업들에게 관심의 집중을 받고 있는 곳이 될 수 있었던 이유가 무엇인지 궁금했다. 심지어 샌 루이스 오비스포의 작은 가게 주인도 '파이크 플레이스 피시'를 알고 있었다. '파이크 플레이스 피시'를 모르는 사람이 거의 없었다.

호기심이 커졌고 그들의 이야기를 쓰고 싶었다. 어디서 시작해야 할지 몰랐지만 '파이크 플레이스 피시'를 이끌고 있는 힘을 사람들이 알게 되면 큰 도움이 되리라고 생각했다. 사람들의 삶에서 차이를 만들겠다는 것이 나의 목표였으며, 이런 생각을 하는 곳이 또 있다는 사실에 우선 놀랍고 반가웠다. 이 작은 어시장에는 겉으로 드러나지 않은 것이 많이 있다고 생각했으며, '파이크 플레이스 피시' 사장을 만나 이곳의 철학과 원칙을 모든 사람에게 알리자고 제안했다.

2002년 2월에 생선장수들을 처음 만났고, 2002년 내내 여러 차례 그곳을 찾아가 많은 이야기를 나누었다. '파이크 플레이스 피시'를 찾을 때마다 나는 그곳에서 그들과 함께 일했다. 아침 일찍 출근해 판매대 설치 작업을 함께 했고, 저녁이 되면 같이 해체 작업을 했다. 이 과정에서 생선장수들이 하는 일의 물리적 측면뿐만 아니라 정신적 측면도 배웠다. 생선장수들과의 대화에 많은 시간을 보냈다. 때로는 정식 인터뷰처럼 하기도 했고, 가벼운 대화식으로 진행하기도 했다. 날아오는 생선에

머리를 다치고 냉장고에 갇히는 경험도 했다.

생선장수들한테 배운 가장 크고, 가장 중요한 삶의 교훈 가운데 하나는 현재 내가 경험하고 있는 것과 미래에 나로 인해 벌어질 일들에 대해 나 스스로 책임져야 한다는 점이었다. 생선장수들은 '바로 여기에 모든 것이 있다.'는 믿음으로 살아간다. 자기 생각과 감정, 느낌, 결정, 행동을 전적으로 자신이 책임진다는 것이다. 모든 것에 책임의식을 갖는다. 이 책에서 소개하는 모든 이야기에서 '파이크 플레이스 피시'의 이러한 기본 철학을 찾아볼 수 있다. 바로 내가 내 삶을 책임진다는 것이다.

예를 들어 슈퍼마켓에서 물건값을 계산하는데 한참 기다려야 할 때가 있다. 그러면 흔히 화가 난다. 이때 줄이 길거나 사람들이 많다고 해서 화가 나는 것이 아니다. 내가 화를 내기로 선택했기 때문에 화를 내는 것이다. 슈퍼마켓에 갈 때는 그런 것을 기대하지 않았기 때문이다. 말하자면, 다른 어느 누가 나를 행복하게 만들거나 슬프게 만드는 것이 아니다. 모든 것은 나 자신에게 달려 있다. 여기에 모든 것이 있는 것이다.

이 책은 '파이크 플레이스 피시'에서 일하는 생선장수들의 생생한 경험을 이야기한다. 그들만의 독특한 표현도 일부 있지만 중요한 것은 그런 특이한 말과 단어가 아니다. 말은 삶의 기본 철학을 보여 준다. 이들의 이야기를 통해 생선 장수들이 어떤 생각을 하고, 어떤 믿음을 갖고 살아가고 있으며, 이들이 어떻게 삶을 변화시켰는지 경험할 수 있다. 생선장수들이 할 수 있다면 누구나 할 수 있다. 그들은 어떻게 했는가? 그들의 이야기를 잘 들어보길 바란다.

첫 장에서는 '월드 페이머스 파이크 플레이스 피시'에 대해 소개한다. 생선장수들에 대한 간단한 소개와 함께, 이곳의 하루를 순서대로 설명한다. 그들의 말과 생각이 어떻게 연결되어 있는지도 설명한다. 두 번째 장에서는 생선장수들의 기본 생활 철학을 소개한다. 세 번째 장에서는 목표와 의지라는 개념을 다룬다. 나머지 장들은 목표와 의지에 대한 이해를 바탕으로 한다.

4장에서 다루고 있듯이, 자기 목표를 인식하고 그 목표를 달성하기 위해 최선을 다한다면 새로운 기회를 만날 것이다. 5장에서는 새로운 기회가 새로운 현실을 어떻게 만들어 가는지 설명한다. 또한 이렇게 현실을 만들고 다른 사람과 관계를 형성해 가는 과정에서 말의 힘과 중요성을 강조하여 설명한다.

새로운 개념으로 무장한 다음에 6장에서는 구체적인 상황으로 들어가 대립과 문제가 새로운 기회일 수 있음을 소개한다. 성장과 발전의 기회가 창조적 대립에서 만들어진다.

마지막으로 7장에서는 보다 효과적이고 의미 있는 삶과 일을 위한 방법을 전체적으로 살펴본다. 생선장수들의 이야기를 통해, 한 개인이 조직 전체의 발전을 이끌 능력이 있음을 알게 된다. 건강한 일터를 만들어 가는 주체도 바로 우리들이다. 이 책을 읽는 모든 사람이 생선장수들의 생각을 적용하고 실천하여 새로운 삶을 만들어 가기를 희망한다.

2003년 8월

신디 크로터

목 차

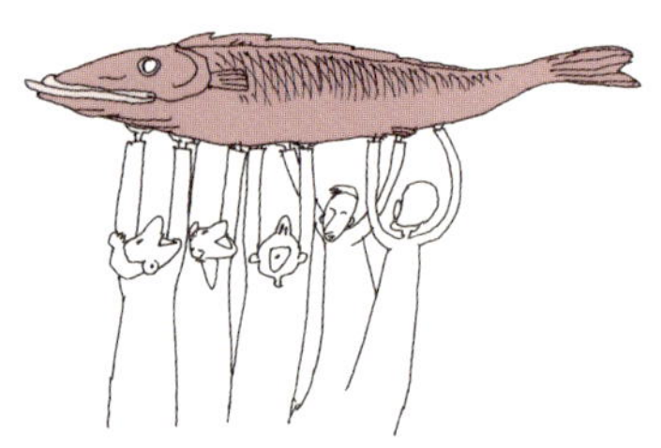

잡아라

맨위 좌측부터 매트, 앤더스, 저스틴, 제레미 · 라이언, 베어, 티키, 제이슨
다렌, 벤, 러셀, 버기 · 에릭, 새미, 앤디, 크리스

1 '월드 페이머스 파이크 플레이스 피시'의 하루

등장인물

이 책 전체에 걸쳐 여러 생선장수의 이야기를 접하게 될 것이므로 '파이크 플레이스 피시'의 생선장수들을 간단하게 소개하고 넘어가는 것이 도움이 되리라 생각한다. 자니 요코야마는 1965년에 '파이크 플레이스 피시(Pike Place Fish)'를 인수하여 지금까지 이곳에서 일했다. 다른 생선장수들은 열심히 생선을 던지고 있지만 자니는 그들을 흥미롭고 열정적인 미래로 인도하는 일에 주력하고 있다.

디키 요코야마(Dicky Yokoyama)는 자니의 동생이며 20년 전부터 '파이크 플레이스 피시'에서 일했다. 현재는 매니저 직

책을 맡고 있다. 사무엘 '새미' 샘슨(Samuel Sammy Samson)도 매니저이지만, 이 사람을 보기란 쉽지 않다. 항상 바쁘게 돌아다니기 때문이다. 흔히 '베어'라고 불리는 키드 비시(Keith Bish)는 트럭 운전과 시설관리를 오랫동안 맡아했으며, 현재는 연어 판매대에서 일한다. 저스틴 홀(Justin Hall)은 13살 때부터 '파이크 플레이스 피시'에서 일했다. 13년 동안 그곳에서 일했으며 '1분에 가장 많은 생선을 던진 사람'으로 기네스북에 올라 있다.

제이슨 스콧(Jaison Scott)은 시장에서 태어난 거나 다름없으며 '파이크 플레이스 피시'에서 일한지 7년 되었다. 또한 세버헤드 밴드에서 드러머(drummer)로 활동하고 있다. 다렌 킬리안(Darren Kilian)은 '파이크 플레이스 피시'에서 5년 동안 일했다. 주로 조개 매장 근처의 컴퓨터 앞에 앉아 인터넷 주문을 처리한다. 댄 버기(Dan Bugge)는 '파이크 플레이스 피시'에서 3년 동안 일했다. 유모차에 생선을 던져 넣는 솜씨가 특히 대단하다. 유모차에 아이가 있어도 생선을 절묘하게 던져 넣는다. 걱정할 필요는 없다. 아이가 약간 놀라기는 하지만 전혀 다치지 않는다.

크리스 벨(Chris Bell)은 시설 관리와 운전을 맡고 있다. 매일 가장 신선한 생선을 골라 최적의 상태로 유지한다. 보스턴 출신의 앤디 프리굴리에티(Andy Frigulietti)는 ‘파이크 플레이스 피시’에서 4년째 일하고 있다. 그는 에릭 에스피노자(Erik Espinoza)와 함께 게와 랍스터 판매대에서 일한다. 에릭은 이곳에서 일한지 2년 정도 되었으며, 멋진 휴양지를 찾아 여행을 즐기는 ‘바이슨(Bison)’이라고도 불리는 라이언 덴(Ryan Dehn)은 약 3년 동안 ‘파이크 플레이스 피시’에서 일했다. 항상 바쁘게 돌아다니며 매장 이곳저곳에 싱싱한 물건을 공급한다. 판매대의 모든 물건을 최고 상태로 유지한다.

앤더스 밀러(Anders Miller)는 ‘파이크 플레이스 피시’에서 일한지 3년 정도 되었으며, 대부분의 시간을 카운터 뒤에서 보낸다. 날아오는 생선을 붙잡아 다듬는다. 또한 저녁에 문을 닫으면 주문한 생선을 호텔로 배달한다. 제레미 리지웨이(Jeremy Ridgway)는 앤더스와 함께 카운터 뒤에서 일한다. ‘파이크 플레이스 피시’에서 일한지 1년 정도 되었으며, 자칭 ‘교육 전문가’이다.

러셀 프라이스(Russell Price)는 할리데이비슨을 타고 시애틀 시내를 돌아다닐 때가 아니면 언제나 연어나 게 판매대에서 일한다. 이곳에서 일한지 3년 되었다. ‘베어’의 아들인 벤 비시(Ben Bish)는 15살 때부터 이곳에서 파트타임으로 일했다. 게와 조개 판매대나 연어 판매대에서 일한다.

매트 루이스(Matt Lewis), 도우 스트라우스(Doug Strauss), 데이브 브룩스(Dave Brooks), 라이언 키무라(Ryan Kimura)도 이 책을 쓰기 위해 생선 장수들을 취재할 당시 '파이크 플레이스 피시'에서 일했다. 매트와 데이브는 현재 대학생이며 도우는 고등학교에서 학생들을 가르친다. 라이언은 일자리를 구하러 라스베가스로 갔다. 이들도 가끔 '파이크 플레이스 피시'를 찾기 때문에 그들을 볼 수도 있을 것이다.

한 가지 주목할 것은, 이곳에서 일하는 생선장수들은 모든 일을 할 수 있어야 한다는 점이다. 카운터에서 일하거나 전화를 받고, 주문을 처리하거나 배달한다. 모든 것을 할 수 있어야 한다.

또 다른 중요한 인물은 컨설턴트인 짐 버그퀴스트(Jim Bergquist)와 그의 직원들이다. 이들은 오랫동안 '파이크 플레이스 피시'와 관계를 맺고 있으며, 목표 설정과 문제 해결 등 여러 분야에서 많은 도움을 주고 있다.

'파이크 플레이스 피시'의 하루

'파이크 플레이스 피시'를 구경한 적이 없는 사람들을 위해 그곳의 하루를 설명하고 넘어가는 것이 좋겠다. 일요일을 제외하고 매일 새벽 6:30에 하루가 시작된다

'파이크 플레이스 마켓'의 입구

(일요일은 7:00). 이 시간이 되면 생선장수들이 모두 모여 그날 해야 할 일을 이야기한다. 재고가 종류별로 얼마나 있는지 확인하고, 그날의 판매 목표를 다시 한번 점검한다. 아침 회의가 끝날 때는 모두들 큰 소리로 "야 – !" 하고 외친다.

아침 회의가 끝나면 생선장수들은 '쇼(show)'라고 부르는 디스플레이 설치 작업을 시작한다. 일반적으로 연어, 조개와 게, 비늘 돔과 기타 특이하게 생긴 생선, 아귀, 굴이 '쇼'에 올라온다. 카운터 앞에 디스플레이를 설치하는 생선장수도 있고, 카운터 뒤에서 생선을 다듬는 사람도 있다.

모든 준비가 끝나면 생선장수들은 통로를 깨끗하게 치우고 디스플레이 유리 케이스도 닦고 종류별로 안내문을 붙인다. 필릿(fillets―필릿생선)과 스테이크(steaks)는 생김새가 아주 비슷하다. 이 둘을 구분하려면 눈매가 날카로워야 한다. 그렇기 때문에 안내문이 필요하다. 이제 손님들이 찾아오기 시작한다. 손님들은 수산물 이외에도 '월드 페이머스 파이크 플레이스 피시' 티셔츠와 운동복, 모자, 기념품을 산다. 손님과 구경꾼이 늘어나면서 시장은 점차 활기에 넘친다. 생선장수들은 하루 종일 바쁘게 움직인다. 전화와 인터넷으로 주문을 받고 세계 곳곳으로 물건을 보낸다.

집에서 그 모든 것을 보고 싶다면 '파이크 플레이스 피시' 웹사이트에 들어가 '웹캠(webcam)'을 선택한다. 손님이 주문을 하면 담당 생선장수가 10 내지 15 피트 떨어진 곳에 있는 다른 생선장수에게 생선을 던지고, 이 생선 장수는 카운터 뒤에 서서 그 생선을 받는다. 이 모든 장면을 볼 수 있다. 실수란 거의 없다. 이곳의 생선장수들은 게, 연어, 심지어 조개 상자도 아주 능숙하게 던진다. 완벽한 조화를 이룬다. 주문을 받는 생선장수가 큰 소리로 주문을 반복하여 외칠 때까지는 아무도 생선을 던지지 않는다. 일단 주문을 받으면 그 주문 내용을 큰 소리로 말하며 대꾸한다. 그리고 생선이 날아다닌다. 독특한 커뮤니케이션 시스템 덕분에 생선장수들이 실수하는 모습은 찾아보기 힘들다.

"…손님이 주문을 하면 담당 생선장수가 10내지 15피트 떨어진 곳에 있는 다른 생선장수에게 생선을 던진다. 이렇게 여기저기서 생선이 날아다닌다…."

이들이 생선을 던지게 된 것은, 손님의 주문을 받은 다음에 물건을 갖고 카운터까지 걸어가는 것을 피하기 위해서였다. 하지만 손님들과 구경꾼들은 생선이 날아다니는 것을 아주 좋아했으며, '파이크 플레이스 피시'의 독특한 문화가 되었다. 때로는 날아다니는 생선을 잡으려는 손님도 있다. 이곳에 가면 그런 사람을 쉽게 찾아볼 수 있다. 누군가가 생선을 잡으려 하면, 많은 구경꾼이 몰려든다. 아주 재미있는 구경거리이다.

오후 5:45이 되면 생선장수 가운데 한 명이 "다섯 시 사십오 분!"이라고 큰 소리로 외친다. 파장 준비에 들어가는 것이다. 디스플레이를 해체하고 남은 생선들을 창고로 옮기는데 45분 정도 걸린다. 6:30이 되면 모든 것이 끝나고 생선장수들이 다시 모인다. 아침에 세운 목표를 얼마나 달성했는지 이야기한다. 하루 종일 받은 팁을 나누고 문을 닫는다. 그리고 한 명은 주변 호텔로 물건을 배달한다.

지도와 지역

생선장수들의 이야기를 듣다보면 이들이 사용하는 말이 약간 이상하게 들릴 수도 있다. 은어와 속어가 뒤섞여 있어 눈길을 끌기도 하지만 이 이야기의 힘은 그런 특이한 단어에서 나오지 않는다. 거기에 반영된 정신 자세와 마

음가짐이 중요하다. 생선장수들이 사용하는 '말(language)'에
는 '파이크 플레이스 피시'의 기본 철학과 원칙이 반영되어
있다.

말(language)과 원칙(principles)의 관계는 지도(map)와 그 지
도가 표현하는 지역(territory)의 관계와 유사하다. 지도는 실제
지역을 그대로 보여 주지 못한다. 하지만 그 지역의 특징을 보
여 주는 도구로서는 손색이 없다. 지도는 실제 지역을 이해하
는데 도움이 되는 도구이다. 생선장수들이 사용하는 말도 마찬
가지이다. 생선장수들의 삶과 일을 이해하는데 도움이 되는 도
구가 바로 그들이 사용하는 말이다.

러셀과 앤더스(Anders)는 다음과 같은 말로 '파이크 플레이
스 피시'에 대한 이야기를 시작했다.

우리를 이미 잘 알고 있는 사람도 있고 모르는 사람도 있을
것이다. 우리를 믿고 이해하며, 이 책을 통해 다른 세상의 다
른 생각을 듣고자 하는 모든 사람에게 감사를 드리고자 한
다. 여러분의 열린 마음이 무한한 가능성의 미래를 여는 열
쇠라고 생각한다.

러셀과 앤더스

1장_ 요약
Summary

- 조직의 위대함은 개인의 위대함에서 시작된다.

- '파이크 플레이스 피시'에서 사용되는 말은 생선장수들의 삶에 내재된 인생의 기본 원칙을 이해하는 도구이다.

- 이 책의 목적은 생선장수들의 믿음을 행동으로 옮기고, 보다 효과적인 삶과 일을 실현하는 도구를 제공하는데 있다.

2 평범함에서 위대함으로

세계 각지의 사람들이 '월드 페이머스 파이크 플레이스 피시'를 찾아 생선장수들이 생선 던지는 모습을 보며 즐거워한다. 날씨가 좋든 나쁘든 사람들은 상관하지 않는다. 화창한 날이든 추운 날이든 몇 시간씩 구경한다. 역동적이고 활기찬 시장이다. '파이크 플레이스 피시'에서 활기와 즐거움을 발견하기는 쉽지만 그 즐거움의 뒤에 숨겨진 철학을 찾아내기는 쉽지 않다.

그곳의 생선장수들이 삶의 지표로 삼는 철학과 원칙을 이해하려면 좀더 주의를 갖고 살펴보아야 한다.

이 책의 목적은 다른 곳에서 찾아보기 힘든 독특한 조직의 독특한 모습을 있는 그대로 생생하게 보여 주기 위한 것이다. 이곳의 생선장수들은 비범한 삶을 살아가는 평범한 사람들이다. 믿음을 실천하고 숨겨진 잠재력을 어떻게 발휘하는지 보여 준다. 위대함으로 가는 길이 여기에 있다. 하지만 그 길을 경험하는 방식은 사람마다 다르다. 중요한 열쇠는 이것이다. '평범함(ordinary)'은 그냥 생기지만, '위대함(greatness)'은 만들어진다.

많은 사람이 일을 벌이기보다는 주어진 상황에 반응하며 살고 있다. '파이크 플레이스 피시'의 비전은 사람들의 삶에서 긍정적인 차이를 만드는 것이다(to make a positive difference in people's lives). 그들의 이야기와 교훈을 통해 여러분 모두가 위대한 삶을 향해 한 발 더 다가서기를 기대한다. 생선장수들의 생활을 그대로 따라 하라는 의미가 아니다. 그보다는 차이를 만들어 가는 곳이 이 세상에 있으며, 그곳이 바로 '월드 페이머스 파이크 플레이스 피시'라는 사실을 받아들이길 바란다.

이 책에서 소개하고 있는 많은 이야기의 밑바탕에는 '여기에 모든 것이 있다.'는 철학이 깔려 있다. 이 간결한 문구는 내가 겪는 모든 것과 살아가면서 보인 나의 반응 모두에 대해 내가 책임진다는 원칙을 의미한다. 자기 자신과 다른 동료에 대한 생선장수들의 책임의식은 그들의 행동과 말을 통해 나타난다. 그들의 이야기는 자신에게 다음과 같은 질문을 하게 만든다.

- 나의 목표는 무엇인가?
- 나의 행동은 목표와 일치하는가?
- 내가 지금 하고 있는 일은 목표를 반영하고 있는가?
- 내가 하고자 하는 일의 결과는 무엇인가?

크리스(Chris)가 들려주는 첫 번째 이야기는 생선장수들의 삶의 철학을 반영하고 있을 뿐만 아니라, 평범함과 위대함의 차이가 나타나는 이유를 잘 보여준다. '파이크 플레이스 피시'에서 일하기 전에 크리스는 유명한 전화회사의 고객 서비스 센터에서 일했다. 당시 그는 일과 삶을 더욱 풍요롭게 만들 수 있는 선택권이 자기에게 있다는 사실을 깨닫지 못했다. 인생의 목표를 정해 놓고 있었지만 그 목표를 달성하기 위해 아무 일도 하지 않았다. 직장에서도 조직의 일원으로서 열성적이지 못했으며, 더욱 중요한 것은 다른 삶을 경험할 가능성이 있다는 사실도 인식하지 못했다.

'파이크 플레이스 피시'로 오기 전에는 그저 흘러가는 대로 살았다. 일이 벌어지면 그 일을 해결하는데 급급했다. 돈을 벌겠다는 꿈은 있었지만 그렇게 하기 위해 적극적인 행동에 나서지 못했으며 실제로 그렇게 하고자 하는 의욕도 없었다.

크리스는 콜 센터에서 희망을 찾지 못했다. 주인 의식을 느끼지 못했다. 걸려오는 전화를 받고 고객의 문제를 해결해주고 끊었다. 자기 일을 어떤 누가 해도 상관없다고 생각했다. 조금만 교육을 받으면 컴퓨터 앞에 앉아할 수 있는 일이라고 생각했다.

'파이크 플레이스 피시'에서 일하면서부터 나는 '세계적으로 유명(world famous)하게' 되고 이 세상에서 차이를 만든다는 비전을 실현하기 위해 노력하는 사람이 되었다. 매일 새롭게 각오를 다지며 열심히 살고 있다. 세계적으로 유명한 일을 하거나 엉터리 일을 할 선택권이 나에게 있다는 사실을 깨달았다. 이제는 모든 것이 나의 선택에 따라 달라질 수 있다는 점을 잘 알고 있다. 내가 여기에 없다면 나의 공헌도 없다고 생각한다. 콜 센터에서 일할 때도 같은 경험을 가질 수 있었지만 당시에는 가능성이 있다는 사실을 전혀 깨닫지 못했다.

지금 다시 콜 센터로 돌아간다면 완전히 다른 방식으로 일

하게 될 것이다. 모든
고객이 최고의 서비
스를 받았다고 느끼
고 만족하게 할 것이
다. 내가 그들을 위해 최
선을 다한다고 생각하게 할

것이다. 나의 서비스를 고객들이 어떻게 생각하고 평가하는
지에 대해 내가 진정으로 고민하며 노력한다는 사실을 알게
할 것이다. 나 자신만이 그렇게 하지 않을 것이다. 같이 일하
는 다른 사람들에게도 고객과의 관계를 개선하고 고객을 사
람으로 대우하는 방법을 보여줄 것이다. 단순히 전화선 저
편의 누군가가 아니라는 점을 분명하게 인식시킬 것이다.
콜 센터 시절의 내 근무성적은 아주 우수했으며, 나도 일을
잘한다고 생각했다. 하지만 현재의 내 모습을 보면 제대로
했다고 볼 수 없다. 지금 다시 그 일을 한다면 세계적인 수준
의 고객서비스를 실천하고 주위의 모든 사람도 그렇게 하도
록 만들 수 있을 것 같다.

크리스

인간적 행위자에서 인간적 존재로

　　　　생선을 파는 일이 '파이크 플레이스 피시'의 일차적인 목표이지만, 그것만이 전부는 아니다. '파이크 플레이스 피시'를 독특한 곳으로 만든 한 가지 원동력은 '행위(doing)'와 '존재(being)'에 대한 생선장수들의 인식이다. 우리는 무엇을 하느냐(doing)에 더 큰 관심을 가지면서도 우리 자신을 인간적 존재(human being)라고 부른다. 상당히 역설적이다. 인간적 행위자(human doer)로서 우리는 많은 놀라운 일을 할 수 있다. 하지만 이곳의 생선장수들은 자기 행위에 대한 인식만큼 존재에 대한 인식도 중요하다고 생각한다.

　'존재'라는 용어가 완전히 새로운 것은 아니지만 사람들의 사고방식에 변화가 일어나고 있다. 삶의 질에 관심을 갖는 사람들이 점차 늘어나고 있다. 자기 경험과 성취 모두 행위와 행동의 결과임을 깨닫는 것이 중요하다. 그리고 자기 존재, 자기 본질, 또는 다른 사람과 구분되는 자신만의 특징이 행동을 낳는다. 이 과정을 다음과 같이 정리할 수 있다.

존재(being) → 행위(doing) → 성취(having)

존재는 핵심신념(core beliefs)을 포함한다. 자기 본질과 핵심신념은 행동을 이끈다. 행위는 관찰 가능한 행동의 실행을 의미한다. 궁극적으로 자기가 어떤 존재이고 자기가 무엇을 하느냐에 따라 결과가 달라진다. 성취는 자세, 인식, 행동에 따른 자연스러운 결과 또는 결말을 의미한다.

그렇다면 이 모든 것이 생선장수들에게 어떤 의미가 주어질까?

'파이크 플레이스 피시'의 생선장수들은 즐겁게 일한다. 하지만 즐거움은 단순히 생선을 던지기 때문에 생긴 것이 아니다. 그들은 일 자체에서 즐거움을 얻고 있다. 생선장수 각자가 '파이크 플레이스 피시'를 '세계적으로 유명'하게 만들고 사람들의 삶에 긍정적인 차이를 만든다는 비전을 실천하는 주체라는 책임감을 갖고 있기 때문이다.

'파이크 플레이스 피시'의 변화과정을 디키(Dicky)의 이야기를 통해 살펴볼 수 있다. 디키는 20년 동안 수많은 사람들과 함께 일했으며, 현재 '파이크 플레이스 피시'에서 일하고 있는 생선장수들의 위대함은 모두 '존재'에 대한 인식의 결과라고 굳게 믿는다. '존재'를 이해하는 첫 단계는 자기 목표(intention)를 파악하는 것이라고 한다.

우리가 무엇을 했는지 만으로는 우리의 변화를 충분히 설명할 수 없다. '파이크 플레이스 피시' 는 다른 어시장과 다를 바 없었다. 언젠가부터 우리는 뒷방에서 회의를 갖기 시작했다. 당시에는 그리 거창한 것이 아니었다. 맥주를 마시면서 몇 시간 동안 앉아 이야기를 나누었고 그 달의 판매 목표를 정했다. 그것이 시작이었다.

‘파이크 플레이스 피시’는 언제나 손님들을 만족시켰으며, 품질을 가장 중요하게 생각했다. 하루에 1,000달러를 벌고는 엄청난 매출이라며 자축한 적도 있었다. 회의를 갖기 시작한 뒤부터 디키는 새로운 변화가 일어나고 있다는 사실을 발견했다. 나중에 컨설턴트의 도움을 받았으며, 그때부터 이들의 회의는 변화를 주도하는 강력한 무기가 되었다. 이제 ‘파이크 플레이스 피시’는 더 적은 인원으로도 하루 매출이 당시의 20배에 달한다.

우리는 각자의 생각과 열정을 이야기하기 시작했으며, 새로운 가능성이 구체적으로 모습을 드러냈다. 우리의 목표를 이해하고 정하면서 한 개인으로서의 존재와 한 그룹으로서의 존재가 바뀌었다. 이것이 전부였다. 자니의 주도로 모든 것이 변하기 시작했다. 우리는 격주로 회의를 가졌고 전반적으로 변화가 일어났다.

Dicky
디키

‘파이크 플레이스 피시’의 생선장수들은 자신이 하는 모든 일에서 최고가 될 때 평범함에서 위대함으로의 변화가 실현된다고 믿는다. 자기 목표를 정확히 알고 자기 생활철학을 추구해야 한다. 어떤 위대한 일 하나를 실천하기란 쉬울 수 있다. 하지만 모든 부분에서 그렇게 한다는 것은 절대 쉽지 않다. 위대함을 실현하는 열쇠는 바로 삶의 방식이다.

'파이크 플레이스 피시'의 생선장수들은 자기가 누구이고 자기가 무엇을 하는지 정확히 인식하고 있으며 그에 대해 전적인 책임을 진다. 그들의 생각, 그들의 말, 그들의 행동에서 알 수 있다.

생선장수들은 정신적 측면이 위대함으로 가는 모든 가능성을 극대화시키는데 큰 역할을 하며, 육체적 측면만큼이나 정신적 측면이 그들의 성공에 중요한 요소라고 믿는다. 단순한 생선 던지기 이상의 무엇이 있는 것이다.

다렌(Darren)이 들려주는 다음 이야기도 위대함의 정신적 측면을 보여준다. 그는 위대하게 되려면 자기 목표를 정하고 자기 말과 행동도 인식해야 한다고 믿는다. 또한 이 생각은 그의 개인적인 삶에도 큰 영향을 주었다. '월드 페이머스 파이크 플레이스 피시'에서 일하면서, 다렌은 자기 생각과 말, 감정, 목표에 대한 인식이 커졌으며, 그에 따라 다른 사람과의 관계도 큰 영향을 받았다.

‘파이크 플레이스 피시’에서 일하기 시작했을 때 나는 흔히 보는 그런 어시장을 예상했다. 생선을 다듬고 파는 것이 전부라고 생각했다. 하지만 사람들이 알지 못하는 것이 있었다. ‘파이크 플레이스 피시’는 새로운 삶의 방식을 보여 주었다. ‘위대함(being great)’의 추구는 우리가 파는 물건의 품질과 시장 운영 방식은 물론이고 내가 손님이나 동료를 대하는 방식에 이르는 모든 부분에 영향을 주었다.

존재와 행위에 대한 인식의 결과로 다렌은 자기 말이 다른 사람에게 주는 영향을 무시할 수 없게 되었다. 생선장수들은 하루 종일 사람들과 이야기를 나누기 때문에 말 한마디가 갖는 의미는 아주 크다. 자기 생각과 다른 사람과의 상호작용에 대한 인식은 다렌이 ‘파이크 플레이스 피시’의 더 큰 비전을 실천하는 일부라는 생각을 갖게 했다. 그는 위대한 팀의 중요한 일원이다. 그가 기여하는 부분은 매일 바뀐다.

위대함에 대해 내가 깨달은 또 다른 하나는 정직을 어떻게 실천하며 살 것이냐이다. 회의 시간에 이 문제를 이야기했으며, ‘정직’이라는 단어의 의미와 그것이 나에게 어떤 의미가 있는지 심각하게 고민했다. 사람마다 정직의 의미가 다를 수 있다. 하지만 나에게 있어서 정직은 약속을 지키고 성실하게 산다는 의미이다. 깨어 있고 정직하게 사는 것은 적극적이고 활기차고 위대한 인간적 존재가 되는 것을 의미한다.

다렌

생선장수들의 생활철학은 선택을 통해 실천된다. '파이크 플레이스 피시'에서 일하는 것을 일종의 '초대(invitation)'라고 말한다. 새로운 생선장수가 들어오면 믿지도 않는 것들을 믿고 실천하라고 강요하지 않는다. 그보다는 일의 육체적 측면과 정신적 측면을 배우고 실천하도록 한다. '파이크 플레이스 피시'의 생선장수들은 세계적으로 유명하게 되고, 서로 적극적으로 도와 모두 최고가 되도록 하며, 사람들의 삶에 긍정적인 차이를 만들기 위해 최선을 다한다.

'파이크 플레이스 피시'의 생선장수들은 사람을 만나고 일을 즐기며, 그리고 생선을 던지기 위해 일터로 나온다. 물건을 팔고 돈을 버는 것보다 훨씬 더 큰 어떤 것이 있으리라고는 아무도 예상하지 못했다. 새미(Sammy)의 다음 이야기는 변화의 과정에서 어떤 일이 벌어졌는지 잘 보여준다. 매니저인 새미는 위대함을 성취하기 위해 모든 사람이 함께 해야 한다고 믿는다. 새미 자신이 변하기 시작했을 때도 그는 자기의 그런 변화를 눈치 채지 못했다. 하지만 주변의 모든 사람이 변하고 있다는 점은 알아차렸다.

'파이크 플레이스 피시'가 변하기 시작했지만 나는 그런 변화가 실제로 일어나고 있다는 사실도 감지하지 못했다. 다만 주변의 모든 사람이 변하고 있다고 생각했다. 개인적인 변화이면서 동시에 조직의 변화이기도 했다.

우리들을 위대하게 만든 한 가지 요소는 우리 일의 정신적 부분이다. 기계조작은 쉽다. 8살 꼬마도 기계조작 방법을 쉽게 배울 수 있다. 하지만 정신적 부분은 그렇지 않다. 훨씬 어렵다. 새로 들어온 사람은 정신적 부분을 이해해야 껍질을 깨고 나올 수 있다. 결국에는 그렇게 된다. 하지만 그들의 매니저 또는 코치로서 새로 들어온 사람이 더 빨리 껍질을 깨고 나올 수 있도록 돕는 것이 중요하다. 이곳에서 일하면서 항상 고민하는 부분이 바로 그것이다. 직원들이 진정으로 껍질을 깨고 본 궤도에 올라야 한 시름 던다. 그때부터는 걱정할 필요가 없다.

나의 역할은 사람들을 이끌어 매니저가 되도록 하는 것이다. 기술적 측면과 정신적 측면을 모두 이해하고 일하도록 하는 것이다. 잘못된 점을 발견하면, 모두들 가만히 있지 않는다. 아무 말 없이 그냥 참고 지내다가 나가버리는 사람은 없다. 모두들 이곳의 주인이라는 생각을 갖고 있으며 그렇게 행동한다. 아무리 사소한 문제라도 우리는 그 문제를 바로잡는다. 시장의 문제이든 개인의 문제이든 함께 힘을 합쳐 해결한다.

"…새로 들어온 사람은 정신적 부분을 이해해야 껍질을 깨고 나올 수 있다. 결국에는 그렇게 된다. 하지만 그들의 매니저 또는 코치로서 새로 들어온 사람이 더 빨리 껍질을 깨고 나올 수 있도록 돕는 것이 중요하다…."

위대함으로 가는 길

평범함에서 위대함으로의 변화를 어떻게 시작해야 할까? 생선장수들의 성공적인 변화는 목표의 정확한 인식과 인생의 선택권이 자기에게 있다는 사실에 대한 이해가 있었기에 가능했다. '여기에 모든 것이 있다.'는 그들의 슬로건을 다시 생각해보자. 그들의 행동과 생각, 그들이 성취한 결과는 모두 그들의 것이다. 좋은 것, 나쁜 것, 추한 것, 그 모두가 스스로 선택한 결과이다.

다렌의 이야기를 통해 '파이크 플레이스 피시'에서 그가 어떻게 변했는지 알 수 있다. 이곳에서 일하면서 그는 자기 인생을 주도적으로 살아갈 수 있는 도구를 얻었다. 예전에는 생각도 못한 것이다. '파이크 플레이스 피시'의 철학을 통해 그는 일상의 모든 문제와 과제를 더욱 효과적으로 해결할 수 있는 방법을 배웠다. 그가 얻은 가장 큰 깨달음은 어떤 상황에서든 선택권은 자기에게 있다는 것이다.

다르게 일하는 것도 일종의 변화일 수 있지만 '파이크 플레이스 피시'에서 우리가 중요하게 생각하는 것은 '존재(being)'의 변화이다. 삶을 어떻게 이끌어 갈 것인지 선택하는 사람은 바로 나 자신이다. 행복한 사람이 될 수도 있고,

화를 내는 사람이 될 수도 있고, 두려운 사람이 될 수도 있고, 사랑스러운 사람이 될 수도 있다. 선택을 어떻게 하느냐에 따라 달라진다.

지금은 선택권이 자기에게 있다는 믿음을 갖고 살지만 예상치 못한 나쁜 일이 느닷없이 일어나 주도적으로 해결하지 못하고 상황에 휩쓸려 지낸 적도 있었다. 예상치 못한 일이 발생했을 때 효과적으로 대처할 수 있는 도구가 필요했다. 그리고 '파이크 플레이스 피시'에서 일하며 그가 가장 먼저 확보한 도구는 어떤 일이 발생했을 때 자기가 보이는 반응을 관찰하는 것이었다. 스스로 이런 질문을 하고는 했다. "무슨 일이 일어났지? 어떻게 반응을 보였지? 어떻게 하는 것이 좋지?" 그는 스스로 선택할 수 있다는 교훈을 얻었다. 예상치 못한 일에 허둥대며 어찌할 바를 모르고 손을 놓을 수도 있고, 오히려 기회를 만들어낼 수도 있다.

'파이크 플레이스 피시'의 좋은 점 하나는 우리 중 누구에게 문제가 있거나 어떤 좋지 않은 일이 생기면 모두 힘을 합쳐 돕는다는 것이다. 서로 이야기를 나누면서 해결책을 찾다보면 빨리 정신을 차리고 문제해결에 나설 수 있다. 나의 문제

가 무엇인지 이야기를 하고난 바로 다음에 곧장 행동에 나
서기도 한다. 문제가 없는 척하면 해결하는데 시간이 더 오
래 걸린다. 대응 방법을 내가 선택할 수 있다는 사실을 인식
하면 차이를 만들어 갈 수 있다.

인생의 선택권이 나에게 있음을 깨닫게 되면 어느 순간이든
자기 행동을 바꿀 수 있다는 사실도 발견하게 된다. 실제로 이
곳의 생선 장수들은 어떤 상황이나 사건이 발생했을 때 어떻게
대처할지 스스로 선택한다. 현실을 살아가는 방식도 원하는 대
로 선택한다. 현실(reality)은 '우리가 보고, 행동하고, 생각하고
느낀 것을 바탕으로 한 우리의 존재'라 할 수 있다. 우리의 인
식이 우리의 현실을 결정하는 것이다. 두 사람이 동일한 현실
을 겪을 수 없으며, 어떤 상황이 닥쳤을 때 두 사람이 동일한 방
식으로 대응하지 않는다.

우리가 살아가며 경험하는 것은 스스로의 선택에 따라 발생
한 결과이다. 이곳의 생선장수들은 생각과 말을 통해 삶에 가
치를 부가할 수 있다고 믿는다. 말(language)은 삶의 경험을 양
적 · 질적으로 표현하는 도구이다. 생선장수들은 말을 활용하

여 그들의 현실을 만들거나 변화시킨다. 여러분 또한 자기 자신, 현실, 삶의 경험을 새롭게 만들어 나갈 수 있다. 선택은 스스로 하는 것이다.

도우(Doug)의 이야기에서 그가 일의 의미를 어떻게 선택했는지 알 수 있다. 도우의 일은 다양한 방식으로 설명할 수 있으며, 각각의 설명 방식에 따라 각기 다른 의미를 지닌 것으로 해석할 수 있다. 하지만 그는 자기 일을 '즐거운 것(fun)'이라고 부르기로 선택했다.

아침 일찍 일어나기란 쉽지 않다. 6:30까지 출근해야 한다. 워싱턴주 시애틀에서 새벽 6:30까지 출근해야 하는 것이다. 아침부터 바쁜 것은 아니다. 저녁 6:30에 하루가 끝난다. 하루 종일 뛰어다닌다. 그런 것이 재미있냐고? 그렇다. 나보다 적게 일하고도 2배는 더 많이 버는 사람들이 있다. 그렇게 많은 돈을 벌면서도 일이 즐겁지 않다고 생각한다. 그렇게 선택한다. 사람들은 우리 시장에 와서 가정과 직장에서 있었던 문제를 털어놓는다. 그들은 그 모든 것을 자기가 선택하고 있다는 사실을 깨닫지 못한다.

시장에서 우리가 하는 일을 보고 우리가 하는 선택을 볼 수 있다면 이발소나 회사 사무실, 세무사, 은행, 슈퍼마켓 같은 곳이 모두 최고의 일터로 변화되지 않을 수 없을 것이다. 단지 생선을 던지는 것이 전부가 아니다. 우리는 모두 잘 알고 있다. 무엇을 선택하느냐에 달려 있다. 즐거움 이외에도 내가 지켜야 할 어떤 것, 일종의 책임감 같은 것을 느낀다. 재미와 던지기가 사라지고 열기가 식고 나면 그때는 무엇이 남겠는가? 6:30의 차가운 새벽에 무엇이 있어 우리를 활기차게 하겠는가? 바로 나의 선택과 나의 책임감이다.

도우

　'월드 페이머스 파이크 플레이스 피시'는 집단적으로 체험을 만들고 선택한다. 예를 들어 '세계적으로 유명한(world famous)'이란 개념은 세계적으로 유명하다고 해서 붙여진 것이 아니다. 어느 회의에서 짐이 보다 고무적인 미래를 만들 수 있는 방법을 생각해 보자고 했다. 그때 누군가가 세계적으로 유명해지면 멋있겠다고 말했다. 그래서 당시에는 세계적으로 유명한 곳이 아니었어도, 그들은 '월드 페이머스'라는 문구를 상호에 포함시키기로 결정했다. 모든 포장 상자에도 이 문구를 집어넣었다. 세계적으로 유명한 곳이 되기로 선택했기 때문에 인지도를 높이고 유명해질 기회를 스스로 개척하기 시작한 것이다.

생선장수 각자는 자기들이 현재 알고 있는 것과는 다른 새로운 어떤 것도 기꺼이 받아들이겠다는 열린 자세를 갖추면서 개인적인 변화를 시작했다. 이러한 자세는 놀라운 결과를 낳았다. 이 세상 모든 것에 귀를 기울였다. 많은 일들이 벌어지기 시작했으며, 있는지도 몰랐던 기회들을 포착하여 실현했다.

베어(Bear)가 들려주는 다음 이야기에서 새롭고 다른 것에 대한 열린 자세가 무엇인지 이해할 수 있다. 자기 인생에 필요한 아이디어를 발견하고 다른 사람의 도움도 마다하지 않는 것이 바로 열린 자세이다.

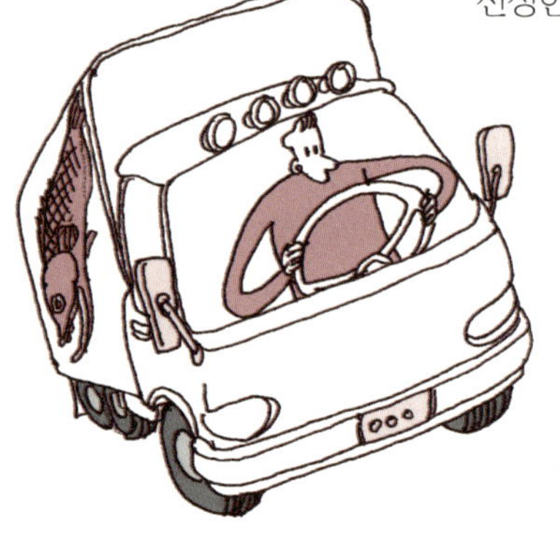

나는 트럭을 운전했다. 생선을 싣고 트럭을 운전하는 모든 사람이 깨닫고 있는 일이지만 대부분 주저하고 있는 교훈이 하나 있다. 껍질을 깨고 나와 다른 사람과 진정한 관계를 맺어야 한다. 만나는 모든 사람과 진정한 관계를 맺는다면 최고의 서비스를 받게 될 것이다. 관계를 형성하지도 않은 상태에서 어떤 세일즈맨에게 물건을 산다면 누구나 흔히 가질 수 있는 그런 것만 받게 된다. 관계를 맺으면 한 발짝 더 나아가 내가 진정으로 원하는 것을 얻을 수 있다. 나에게 조금 더 신경 써서 도움을 주고자 할 것이기 때문이다.

자니(Johnny)의 소개로 베어가 '파이크 플레이스 피시'에서 일하게 되었을 때 베어는 무슨 일을 하든 자니와 그가 맺었던 인간적 관계처럼 다른 사람과도 그런 관계를 맺어야 한다는 점을 깨달았다. '파이크 플레이스 피시'와 다른 곳의 차이는 모든 생선장수들이 주인의식과 책임감을 갖기로 선택하고 일한다는 점이다. 단지 시키는 일만 하는 것이 아니다. 종이에 주문 내역을 채우기만 하는 것이 아니라 바로 앞에 손님이 서있다고 생각하며 주문서를 소중하게 다루고 정성껏 기록한다.

'파이크 플레이스 피시' 같이 되는 방법을 정리한 것은 없다. 그렇기 때문에 간단한 비법이나 처방만을 찾는 사람은 당혹스러울 것이다. 중요한 것은 개인적인 열정과 헌신이다. 모든 사람이 같은 방향을 향해 힘을 모은다면 그 팀은 어떤 일이든 할 수 있다. 우리가 격주로 회의를 갖는 이유 중의 하나가 바로 그것이다. 회의를 통해 우리는 서로의 생각을 공유하고 방향을 정한다. 고용주가 나를 단순한 종업원이

아니라 함께 사업을 이끌어가는 파트너로 생각하고 기회를
준다는 것은 굉장한 일이다.

위대함으로 가는 길은 멀고도 험하다. 긴 여행길에 올라야
한다. 새롭고 다른 것을 수용하려는 열린 자세와 의지가 필요
하다. 또한 자기 생각과 말과 행동에 책임을 져야 한다. 그리고
목적의식을 지닌 목표를 가져야 한다. 마지막으로 크리스의 이
야기가 있다. 이 개념들이 함께 했을 때 얼마나 큰 힘을 발휘하
는지 알 수 있는 중요한 이야기이다.

"세계 평화의 때가 무르익었다." '파이크 플레이스 피시'에
서 일하기 시작한 며칠 뒤에 자니가 했던 이 말이 기억난다.
당시 나는 이렇게 생각했다. "도대체 이 친구가 무슨 말을
하는 거야? 기껏해야 트럭이나 몰고 생선을 던지며 일하는
주제에. 정신이 나갔나?" 한참 지난 뒤에 다시 생각해보니,
내가 들었던 말 중에서 가장 훌륭한 것이었다.
'파이크 플레이스 피시'에서 일하면서 나는 적극적으로 대
처하며 원하는 삶을 살기보다는 그저 닥치는 대로 살아왔다

는 사실을 깨달았다. 장애물이 앞으로도 계속 나의 앞길을
가로막을 것이다. 하지만 이제는 목표를 생각하며 내가 해
야 할 일을 선택할 수 있다.

시장에 오는 사람들은 지나치게 깊이 생각하고 고민하는 경
향이 있다. 이 이야기를 읽는 사람들도 다음에 무엇을 해야
할지 고민하며 세세한 부분까지 분석하느라 중요한 것은 놓
치고 넘어갈 수 있다. 실제로는 아주 간단하다. 어떤 사람이
되고 싶은지 깨닫고 그대로 되는 것이다. 자기 자신을 위해
인생을 선택하라. 아주 간단하다.

'파이크 플레이스 피시'에서 일하면서 크리스는 더욱 힘차
게 사는 법을 배웠다. 그의 인생에서 일어나는 모든 일이 자기
의지와 직접적인 관계가 있다는 사실을 그는 깨달았다.

지금까지는 자기에게 일어나는 모든 것을 어쩔 수 없이 운명
적으로 받아들여야 할 그런 것이라고 생각하며 살았다. 하지만
이제는 자기가 삶을 만들어 간다고 생각한다. 다른 누군가에게
도움을 주기로 선택하면, 그 이상은 아닐지라도 그 정도의 도
움은 되돌려 받게 된다는 사실을 깨달았다.

이제는 누군가가 부정적인 생각을 하며 사는 모습을 참을 수 없다. 그런 상태로 살게 내버려 둔다면 그 사람은 주변의 모든 사람에게 부정적인 영향을 계속 주게 될 것이다. 긍정적인 에너지와 가능성이 넘치는 세계를 만들어야 한다는 나의 생활신조와도 맞지 않는다. 이곳에서 우리는 사람들이 웃어야 할 이유를 만들고 찾아준다.

문제가 생겼을 때 사람들이 적극적으로 대처하고 해결하며, 그 과정에서 발전하는 세계를 생각해보라. 누구나 완벽할 수 있다고 자신하며 사는 세상을 생각해보라. 나라끼리도 서로 돕고 다른 문화도 동등하게 존중하는 그런 세상을 생각해보라. 가능하다고 생각한다. 한 사람이 다른 사람에게 엄청난 영향을 줄 수 있다는 사실을 인식하고 긍정적인 영향력을 발휘하기로 선택하면 그런 세상이 꼭 올 것이다.

크리스

2장 — 요약
Summary

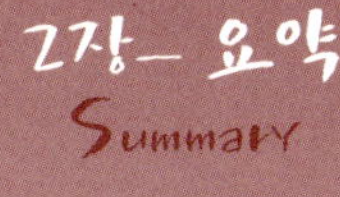

- 여기에 모든 것이 있다.

- 평범함은 그냥 생기지만 위대함은 만들어진다.

- 존재(being) → 행위(doing) → 성취(having) : 핵심 신념(존재)이 행동을 결정하고(행위), 이는 결과를 낳는다(성취).

- 자기가 하는 모든 일에서 위대함을 추구하라.

- 그냥 벌어지는 일은 없다. 어떤 일이 일어나면 대처 방법을 스스로 선택하라.

3 목표와 의지

목표의 인식

인생의 목표를 생각해 본 적이 있는가? 인생의 목표를 달성하겠다는 굳은 의지가 있으면 살아가면서 맺는 모든 관계가 달라질 수 있다. 이렇게 믿는다면 인생의 목표를 생각하지 않을 이유가 없을 것이다. 위대함을 향한 길의 시작은 목표를 갖고 살아가는 것이다. 그런 목표 없이 살고 있다면 지금까지의 모든 것은 무의식적 삶에 불과하다.

'파이크 플레이스 피시'의 생선장수들은 개인적인 목표와 집단적인 목표를 세웠다. 잠시 시간을 내서 생각해보자.

- 나의 목표는 무엇인가?
- 주위의 모든 사람이 나의 목표를 분명히 알고 있는가?
- 직장과 가정, 자기 자신, 다른 사람과의 관계에서 어떤 목표를 갖고 생활하고 있는가?
- 미래를 향해 나를 이끌어 가고 있는 것은 무엇인가?

'파이크 플레이스 피시'의 생선장수들은 사람들의 삶에서 긍정적인 차이를 만들어 낸다는 집단적인 목표를 추구하며, 서로가 최선을 다하고 발전할 수 있도록 도와준다. 모든 구성원이 위대함을 실현하고 놀라운 일을 할 수 있는 기회를 갖도록 한다. 주변의 모든 사람이 여러분의 목표와 의지를 알게 된다면 그들도 여러분에게 힘이 되어줄 수 있다. 목표와 의지는 함께 한다. 앤디의 이야기가 바로 그것을 보여준다.

앤디(Anndy)는 '파이크 플레이스 피시'의 많은 부분이 목표와 관계있다고 믿는다. 자기 목표를 인식하는 것은 머리에서 다른 모든 쓸데없는 생각을 제쳐 놓는다는 의미라고 앤디는 생각한다. 일터는 물론이고 일상생활에서도 그는 그렇게 살고 있다. 자기 목표를 인식하고 그 목표를 실현하기 위해 강력한 의지를 갖고 실천하면 친구와 가족, 동료와의 관계가 달라진다.

'파이크 플레이스 피시' 에서 배운 것들을 가족간의 관계에도 적용하기 시작했다. 그러자 가족을 사랑하고 가족과 함께 행복한 삶을 살아가는 것에 비하면 사소한 것들(가족들과의 말다툼)은 진짜로 아무 것도 아니라는 사실을 깨닫게 되었다. 나의 목표와 의지가 사람 사이의 관계에 어떻게 영향을 주는지 깨닫고 이렇게 되새긴다. "무슨 뜻인지 알아? 나는 그들을 사랑하고 그들은 나의 삶이야. 이런 말다툼은 사소한 것에 불과해. 소중한 시간을 낭비하고 있을 뿐이야." 목표와 의지를 가짐으로써 나는 크게 보는 눈을 갖게 되었다.

평범함에서 위대함으로의 변화를 위해서는 목표를 세워야 한다. 위대함을 달성하기 위한 마법의 처방이나 비법은 없다. 자기가 하는 모든 일에서 위대함을 추구해야 한다. 위대함을 생각하며 삶을 살아가야 한다. 그러면 원하는 결과가 나타날 것이다. '월드 페이머스 파이크 플레이스 피시'는 세계적으로 유명한 곳이 되겠다는 비전과 목표를 세웠다. 그리고 이제는 사람들의 삶에서 긍정적이고 강력한 차이를 만들겠다는 것으로 비전과 목표를 확대했다.

매트(Matt)의 이야기에서 자기 목표를 인식하고 그 목표에 따라 실천하고 행동하게 된 과정을 알아볼 수 있다. 그의 목표는 '파이크 플레이스 피시'에서 일하는 것이었으며, 그 목표를 달성하기 위해 최선을 다했다.

신참인 나는 항상 새로운 것을 배우려고 한다. 어느 상황에서나 최선의 결과를 얻을 수도 있고, 최악의 결과를 얻을 수도 있다고 생각한다. 모두 나의 자세에 달려 있다. 지난 크리스마스에 이곳에 와서 사람들을 보며 생각했다. "굉장한 걸!

나도 여기서 일하면 좋겠다." 힘든 일인 줄 알았다. 하지만 하고 싶었다.

아직도 나에게 이렇게 묻는 사람들이 있다. "어떻게 그 일을 하게 되었나?" 이 일을 하겠다는 목표가 있었기 때문이었다. 목표를 정하고 주말마다 풀맨에서 이곳까지 와서 사람들과 이야기를 나누었다. 새벽 6시에 단 5분 동안 그렇게 이야기를 나누었다. 이제 나는 여기서 일한다. 그때의 경험으로 나는 무슨 일이든 할 수 있다는 생각을 갖게 되었다. 나 자신의 목표를 인식하고 내가 하는 모든 일에 최선을 다한다.

여기서 일하는 사람들을 지켜보며 목표가 이들을 어떻게 이끌어가고 있는지 살펴보는 것도 흥미롭다. 예를 들어 우리 중의 누군가가 손님 한 명을 카운터 뒤로 데리고 가서 날아오는 생선을 잡도록 하면 갑자기 활기를 뛰면서 모든 손님들이 열광한다. 때로는 우리의 목표와 비전을 우리 자신에게 되새겨야 할 때도 있다. 스위치를 켜듯이 우리의 의지를 다시 확인하고 즐겁게 일한다. 활기가 넘칠 때는 몇 시간이 정신없이 지나간다. 팀의 목표를 생각하며 일해야 한다는 점에 동의하지 않는 사람은 아무도 없다.

매트

라이언(Ryan)은 손님과 좋은 관계를 만들겠다는 목표를 어떻게 실천했는지 들려주었다. 모든 것이 그의 목표에서 자연스럽게 시작되었다. 재미는 목표의 인식과 행동에 따른 자연스러운 결과였다.

> 손님들이 마음을 풀고 편안하게 구경하며 즐길 수 있는 환경을 만들려고 했다. 많은 사람들이 몇 시간 동안이나 우리를 구경한다. 일터나 사람 사이의 관계에서 지금까지 경험하지 못한 것이기 때문이다. 나는 이런 환경에서 오랫동안 일했기 때문에, 삶과 일, 사람 사이의 관계에서 이와 다른 것은 상상하지 못한다. 사람들이 실제로 보는 것은 아주 단순하다. 하지만 그들은 복잡하게 생각한다. 사실 우리 모두는 이 미친 짓을 벌이고 있는 인간에 불과하다(웃음).

라이언은 시장을 찾는 손님들이 실제로는 즐겁게 일하는 것 이상이 있다는 사실을 보지 못한다고 생각한다. 사람들은 즐겁게 일하는 것이 생선장수들의 유일한 목표라고 생각한다. 그 재미의 뒤에 숨겨진 것을 이해하려 하지 않는다.

라이언이 '파이크 플레이스 피시'에서 일하며 얻은 인생의 교훈은 목표를 세우고 그 목표를 실현하기 위해 의식적으로 선

택하고 의지를 갖고 노력하면 원하는 것은 무엇이나 할 수 있
다는 점이다.

연어를 사려고 온 손님이 있었다. 그와 이야기를 나누며 함
께 좋은 연어를 찾아보았다. 그는 즐거운 시간을 보냈다고
말했다. 나는 그의 말을 잘 들었으며 그 손님이 원하는 것이
무엇인지 생각하고 적당한 물건을 같이 골랐다. 그럴수록
그는 주문을 계속 추가했다. 처음에는 연어 반 마리를 사려

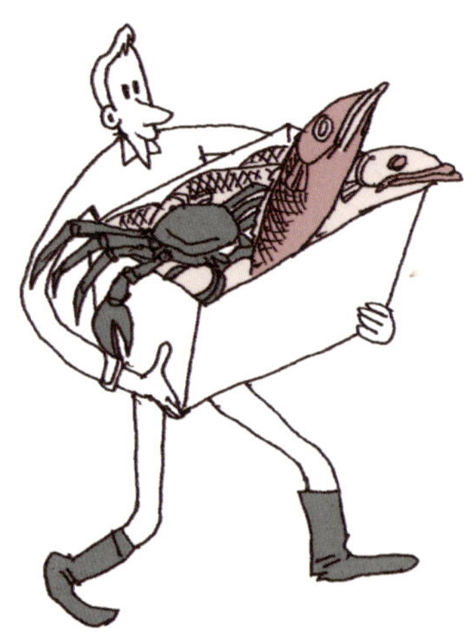

“…연어를 사려고 온 손님이 있었다. 그 손님이 원하는 것이 무엇인지 생각하고 적
당한 물건을 같이 골랐다. 그럴수록 그는 주문을 계속 추가했다….”

고 했는데, 나중에는 3마리를 통째로 사버렸다. 킹크랩 2파
운드를 사려고 왔던 그는 상자 째로 사서 집으로 갖고 갔다.
그리고는 이렇게 말했다. "집에 가서 냉장고에 이것을 던져
넣겠어요."

그 손님이 더 많이 사게 하려는 생각은 애초에 없었다. 내가
의도했던 목표는 그저 손님과 함께 즐거운 시간을 보내는
것이었다. 그리고 이곳에서 좋은 경험을 했다고 생각하기를
원했다. 그래서 나중에 냉장고에서 생선과 킹크랩을 꺼내
요리를 할 때이면 이곳에서 나와 함께 보냈던 시간을 다시
한번 기억하기를 원했다. "이 킹크랩을 샀을 때 정말 기분
좋은 시간을 보냈지!"

손님들이 우리 물건만이 아니라 여기에서의 체험도 함께 가
져가도록 하는 것이 나의 목표이다. 단지 물건을 더 많이 파
는 것과는 아무런 관계가 없다. 사실 누군가와 함께 하며, 정
말로 좋은 시간을 보내면 그 사람과의 관계 형성이 아주 쉬
워진다. 이곳을 찾는 손님들은 '월드 페이머스 파이크 플레
이스 피시' 를 마음껏 체험하는 것이다.

라이언

라이언의 이야기에서 알 수 있듯이 자기 목표를 정확히 인식하면 생각도 못했던 결과를 얻을 수 있다. '파이크 플레이스 피시'의 생선장수들은 위대함을 추구하면서 항상 새로운 목표를 세우고 있다. 주어진 상황에서 더 깊이 생각하고 목표를 갖고 행동할수록 원하는 결과를 성취할 가능성은 더욱 커진다.

수많은 경영 서적과 비즈니스 모델이 넘쳐나고 있다. 하지만 가장 깊은 곳의 생각을 바꾸지 않으면 큰 변화는 없다. 예를 들어 한 생선장수가 '세계적으로 유명한' 곳이 되자는 제안을 했을 때 다른 모든 사람들이 세계적으로 유명하게 된다는 목표를 적극적으로 수용했다. 또한 그들은 개인적으로나 조직 전체적으로 이 목표가 어떤 의미인지 생각했다. 세계적으로 유명한 곳이 되자는 목표를 정한 순간, 그들은 모두 이미 세계적으로 유명한 곳이 된 것처럼 행동하기 시작했다. 그들의 행동은 목표의 실현을 강력하게 뒷받침했다.

그 결정의 결과는 이렇다. 수많은 일들이 벌어지기 시작했다. 말 그대로 이 우주가 귀를 기울였다. 그리고 새로운 기회들이 그들 앞에 나타나기 시작했다. 텔레비전과 잡지에 '파이크 플레이스 피시'가 등장했다. '파이크 플레이스 피시' 웹사이트를 제외하면 한 푼도 광고에 투자하지 않았는데도 이 모든 일이 벌어지기 시작했다. 그들은 단지 '세계적으로 유명한' 파이크 플레이스 피시가 되자는 목표를 세우고 실천했을 뿐이다.

다음 이야기는 앤더스(Anders)가 '파이크 플레이스 피시'에서의 삶을 어떻게 생각하는지 잘 보여 준다. 더 편안한 조건에서 일하는 사람도 있지만 그는 생각을 행동으로 옮기는 시스템을 만들어냈다는 점에 자부심을 갖고 있다. 그가 할 수 있다면 누구나 그렇게 할 수 있다고 그는 자신 있게 말한다. 목표의 인식에서 선택이 얼마나 중요한 역할을 하는지 깨달아야 한다.

만족스럽지 못한 직장생활을 하는 사람이 많을 것이다. 이곳의 일이 원래 쉽고 재미있다고 생각하는 사람도 있다. 사람들은 대부분 우리가 하는 일이라고는 생선을 던지고 소리를 질러대는 것이 전부라고 생각한다.

이런 말을 한 사람이 있었다. "나는 하루 종일 책상에 앉아 일하기 때문에 재미라고는 하나도 없다." 글쎄, 한번 생각해 보자. 겨울에는 사무실이 이곳보다 훨씬 따뜻할 것이다. 아직 깜깜하고 추울 때 나는 잠에서 깬다. 하기 싫어도 어쩔 수 없다. 침대에서 일어나기로 선택하고 이곳에 출근하기로 의식적으로 선택한다. 사람들의 삶에 차이를 만들겠다는 명확한 목표를 갖고 있다. 그 새벽에 나를 맞이하는 것은 무엇인가? 얼음 덩어리이다. 쇼를 준비하기 위해 맨손으로 얼음을 만져야 한다. 새벽 6:30부터 일한다. 그리고 하루 12시간을 이곳에서 보낸다. 비가 올 때도 있고 손님이 없을 때도 있다. 여름철에는 세계 각지에서 사람들이 몰려와 구경하기도 하지만 겨울철은 상황이 완전히 다르다.

앤더스의 업무환경을 대부분의 사람은 최악이라고 생각할 수 있다. 그렇기 때문에 직장에서 즐겁게 일할 수 없다고 말하는 사람이 있으면 앤더스는 그런 불평을 도저히 이해하지 못한다. 그는 자기 일과 자기가 일하고 있는 일터를 사랑한다. 겨울철이라고 다르지 않다. 일반적으로 그는 물건을 배달하느라 가장 늦게까지 일한다. 집에 도착하면 깜깜하고 춥고 비가 내릴 때도 있다. 늦은 시간에 운전하기가 위험할 때도 있다. 하지만 그는 그 모든 것을 사랑한다. 행복하게 생각한다. 활기가 넘치는 생활을 하고 있다.

아침에 일어나 자명종을 끄고 나서 침대에 걸터앉아 오늘 하루를 어떻게 만들어 나갈지 생각하고는 한다. "오늘은 어떤 일이 일어나면 좋을까?" 그날 일어나면 좋겠다고 생각하는 것을 말하고 마음에 되새기면 평범함에서 벗어나기 위해 특별히 노력할 필요가 없다. 내가 원한 것을 실제로 체험한다.

아주 이상하다.

언젠가 모든 손님에게 특별히 더 잘하겠다는 결심을 한 적이 있다. 그날 하루 종일 나는 손님에게서 많은 팁을 받았다. 손님들이 계속 팁을 주었다. 한 손님은 120달러어치 물건을 사고는 팁으로 40달러를 주었다. 팁을 많이 달라고 하지도 않았다. 그저 이렇게 말했을 뿐이다. "오늘은 손님들에게 특별히 잘 해드릴 생각입니다." 손님들도 그런 것을 원했다. 다시 생각해도 아주 이상한 날이었다. 손님들은 내가 정성을 다한다고 생각했던 것이다.

그렇게 하는 것이 나로서는 하루를 시작하는 가장 좋은 방법이다. 아침에 침대에 앉아 오늘 하루를 어떻게 보낼지 생각한다. 위대한 하루를 만들기 위한 토대를 놓는 것이다. 오늘은 나의 앞길을 가로막는 것이 전혀 없기를 바란다고 생각하고 말하고 다짐하면 실제로 그렇게 된다.

앤더스

당신의 목표는 무엇인가?

다음 이야기에서 러셀(Russell)은 다른 사람의 삶에 더 많은 관심을 갖는다는 목표를 세우고 난 뒤에 자기 삶이 어떻게 바뀌었는지 설명하고 있다. 그는 그토록 원했던 삶이 가능하다는 사실을 깨달았다. 다른 사람의 삶에 관심을 가짐으로써 '파이크 플레이스 피시'에서의 생활 자세가 완전히 바뀌었다. 이제는 가정생활에도 그의 목표가 반영되고 있다.

'파이크 플레이스 피시'에서 일을 시작했을 때 기대했던 것과 다른 점은 나의 목표가 무엇인지 분명하게 알게 되었다는 것이다. 목표를 가짐으로써 나는 모든 것이 가능하다는 사실을 깨닫게 되었다. 이러한 삶의 방식이 단순히 생선을 던지고 소리치는 것에만 국한되지 않는다. 생선을 팔고 돈을 버는 것만큼 사람들과 좋은 관계를 맺는 것도 중요한 목표로 삼고 있다.

우리는 차이를 만들기 위해 이곳에 있다. 일 때문에 가정생활을 제대로 못하지 않는다. 다른 곳에 가더라도 항상 이렇게 살 것이다.

이곳에서 일하며 겪은 가장 재미있었던 것 가운데 하나는 "안녕하십니까!" 하고 인사할 때 손님들이 "그냥 구경하는 겁니다." 라고 말하며 외면할 때이다. 다시 "오늘 날씨 좋지요?" 라고 말하며 인사를 하면 사람들은 재빨리 입을 다물고

다른 곳으로 가버린다. 그런 모습을 보면 아주 재미있다. 일
반적으로 사람들은 다른 사람의 삶에 관심을 갖지 않는 것
같다. 나는 이곳에서 일하며 그렇게 하려고 노력한다. 그런
데 그런 것이 오히려 사람들을 당혹스럽게 만든다. 사람들
이 서로 마음을 터놓고 대하지 못하는 이유가 무엇인지 고
민할 때도 있다. 다른 사람을 생각하고 관심을 갖는 삶을 살
겠다는 목표를 세우고 실천하기 시작하자 모든 것이 변하기
시작했다.

러셀

우리는 매 순간마다 선택을 하며 살아간다. 목표란 올라갈
수 없는 높은 곳이라고 생각하며 주어진 일이나 하고 사는 평
범한 삶을 선택할 수도 있고, 인생의 목표를 세우고 그 목표에
서 시작하여 모든 것을 바꾸어 가는 위대한 삶을 선택할 수도
있다. 여러분은 어떤 삶을 선택하고 싶은가? 열정을 다해 이루
려 하는 것은 무엇인가? 밤에도 깨어 있게 만드는 여러분의 꿈
과 목표는 무엇인가? 아침 일찍 잠에서 깨어나 하루를 시작하
게 만드는 원동력은 무엇인가? '파이크 플레이스 피시'의 생선
장수들은 개인적으로나 집단적으로 삶의 지표의 인도를 받으

며 살고 있다. 자기들의 목표를 정확히 인식하고 하루하루를 보내며, 그 목표를 달성하기 위해 얼마나 노력하고 있는지 반성한다.

자기 목표를 분명하게 인식한 다음에는 그런 삶을 살기로 선택해야 한다. 반복적으로 그런 선택을 해야 한다. 선택은 언제나 있다. 자기 목표를 다시 한번 생각하고 의지를 다지게 만드는 장애물이 언제나 우리 앞을 가로막고 나서기 때문이다.

목표의 인식과 함께 생선장수들은 '의지'를 중요하게 생각한다. 생선장수들에게 이 말은 그들의 목표와 그들이 믿는 것을 절대 포기하지 않고 끝까지 이루려 하는 자세를 의미한다. 생선을 던지면서 '세계적으로 유명한 곳을 만들고' '차이를 만들' 기 위해 필요한 것은 바로 강력한 의지이다. 생선장수들이 목표를 충실하게 실천하도록 만드는 일종의 맹세이기도 하다.

일단 목표를 정하고 의지를 굳건히 한 다음에는 결과에 대한 집착을 버려야 한다. 결과에 구속되지 않는 것은 '자연의 순리에 복종' 한다는 의미라고 생선장수들은 말한다. 이 복종은 예상치 못한 일이 일어날 수 있는 기회와 공간을 만든다.

그와 같은 복종은 결과에 대한 집착을 버리는 것이다. 원하는 어떤 것을 정해 놓고 그것을 어떻게든 달성해야 한다고 생각하지 말아야 한다. 결과에 집착하면 다른 가능성을 막아 버리는 수가 있다. 꿈꾸었던 것보다 훨씬 더 멋진 것이 기다리고 있을지도 모른다. 결과에 집착하면 다른 기회를 보지 못한다. 그러므로 원하는 결과를 정해 놓고 거기에만 매달리는 것은 상당히 위험하다. 기대 수준을 거기에만 맞추기 때문이다.

아주 짧은 시간이나마 '파이크 플레이스 피시'에서 일해 보면 생선장수들의 목표와 의지가 그들의 삶 전반에 반영되고 있음을 알 수 있다. 그들의 개인적 목표, 친구나 가족과의 관계, 그들의 꿈과 소망에서 확인할 수 있다. 제이슨(Jaison)은 자기 자신과 '파이크 플레이스 피시'에 대한 생각을 우리에게 들려주었다. 현재의 일과 꿈이나 소망과의 괴리로 고민하는 모습을 잘 보여주는 이야기이다.

나는 밴드에서 드럼을 친다. 시장에서 경험하는 모든 것을 밴드에서도 경험한다. 기본 개념은 동일하다. 하지만 환경이 다르다. 우리 밴드는 락이나 재즈 스타일의 음악을 한다. 나는 음악을 하겠다는 결심을 했고, 어떻게 해야 할지 몰랐지만 반드시 음악을 하리라고 생각했다.

자니와 만나 커피를 마시며 음악에 대한 나의 열정을 이야기했다. "나는 여기서 일하는 것이 좋아. 하지만 보다 행복한 삶을 위해 근무시간을 조정할 수 있으면 좋겠어." 그러자

자니는 어떻게 조정하면 좋
겠느냐고 물었고, 나는 내
생각을 솔직하게 말했다.
그는 내가 원하는 대로 해주
었다. 그때 이런 생각이 들었
다. "와! 나의 생각을 이렇게
존중해 주는구나." 이 일이 있고
나서 나는 그를 믿고 따르게 되었으며, 나의 삶 자
체도 큰 영향을 받았다.

솔직히 말해 자기 꿈을 추구하는 사람이 많다고 생각하지
않는다. 일만 하고 나의 건강과 행복을 위해 필요한 것이나
내가 간절히 원하는 것을 신경 쓰지 않는다면 다른 누군가
의 꿈을 위해 일하는 삶을 살게 된다. '파이크 플레이스 피
시'는 자니의 꿈이다. 그는 모든 것을 여기에 걸었다. 하지
만 나 또한 꿈이 있고 그 꿈을 이루고 싶다. 지금까지 CD 두
장을 냈다. 계속 발전하고 있다. 나 자신과 '파이크 플레이
스 피시'에 대한 믿음과 열정이 없었다면 이 정도도 불가능
했을 것이다.

목표의 결과

저스틴(Justin)의 이야기는 목표를 인식하면 어떤 결과를 얻을 수 있는지 잘 보여 준다. 잠시 멈추고 내부의 자신에 집중하였을 때 얻을 수 있는 것이 무엇인지 이야기한다. 저스틴은 모든 순간을 헛되이 보내지 않으며 삶을 그대로 수용하거나 삶을 재규정할 선택권이 자기에게 있음을 인식하며 살아간다.

아침에 일어나기 싫은 날이 있다. 그런 생각이 들 때면 이렇게 말한다. "오늘 나는 어떤 사람이 될 것인가? 침대에 다시 누워 잠을 자는 그런 저스틴이 될까, 아니면 바로 일어나 출근하여 하루를 활기차게 시작하며 손님들을 위해 차이를 만들어가는 그런 사람이 될까?" 자리에서 일어나지 않고 다시 잠들면 아무 생각 없이 닥치는 대로 그냥 살기를 선택하는 것이다.

손님들을 위해 차이를 만들기로 선택하면 나의 하루는 더 좋아진다. 내가 생각하고 원하는 대로 하루가 시작된다. 나라고 별 다른 사람은 아니다. 먹고 살기 위해 아침마다 일어나 일터로 가는 그런 평범한 사람이다.

하지만 자리에서 일어나 하루의 목표를 생각하지 않는다면 모든 일이 지겨워질 것이다.

'파이크 플레이스 피시' 에 놀러왔다가 우리가 활기차고 재미있게 일하는 모습을 보는 사람들은 대부분 그 뒤에 숨겨진 것들을 못보고 그냥 간다. 그리고는 그저 즐겁고 재미있게 일해야 한다고 생각한다. 작은 정신적 변화에 불과하지만 그 결과는 엄청나다. 늙은 개에게 새로운 기술을 가르칠 수 없다고 생각하고는 했다. 하지만 그렇게 될 수 있다는 믿음을 가지면 늙은 개라도 뒤집기를 하도록 만들 수 있다(웃음). 나 역시 마찬가지이다. 나도 마음 자세를 새롭게 하고 새로운 삶을 살게 되기까지 꽤 힘들었다.

생선을 던지지 않더라도 '파이크 플레이스 피시' 는 여전히 즐겁고 재미있는 곳이 될 것이다. 즐거움과 재미가 전적으로 생선 던지기에서 나오는 것이 아니기 때문이다. 매일 나의 하루를 선택하며 산다는 마음 자세에서 모든 즐거움과 재미가 나온다.

저스틴

위대함으로 가는 길을 어떻게 시작해야 할까? '파이크 플레이스 피시' 의 경우에는 이 세상에서 차이를 만들겠다는 목표를 세우면서 시작되었다. 사람들이 체험하는 모든 부분에서 차이를 만들겠다는 것이다. 생선장수들의 재미와 즐거움은 사람들을 위해 차이를 만든다는 비전을 실현하기 위한 실천과 행동에서 나온다.

그러므로 목표를 정할 때는 목표를 달성하는 것, 또는 '거기에 가는 것'이 전부가 아니라는 점을 깨달아야 한다. 자기 목표가 라이프스타일 전체에 반영되도록 하는 것이 중요하다. 자기 자신에 대한 관심과 인식이 커지면 자신의 모든 행동이 목표와 어떻게 연계되는지 이해할 수 있다. 생선장수들은 이 세상의 모든 사람에게 긍정적인 영향을 주는 위대한 기회가 자기들에게 있다고 생각한다.

목표를 정할 때 가장 중요하게 생각해야 할 부분은 자기 선택에 따라 완전히 다른 삶을 살 수 있다는 점이다. 예를 들어 자기가 몸담고 있는 조직에서 큰 차이를 만들겠다는 목표를 세운다면 그에 따라 행동하게 될 것이다. 하지만 범위를 좀더 확대하여 자기가 일하는 곳뿐만 아니라 가족과 친구 관계에서도 차이를 만들겠다고 하면 더 큰 목표에 맞추어 여러분의 행동도 바뀌게 될 것이다. 결국 차이를 만들겠다는 목표가 지역 사회나 국가까지 확대되면 완전히 다른 인생이 기다리고 있을지도 모른다. 조금 더 확대하여 이 세상의 사람만이 아니라 동물과

식물, 환경 등 이 지구의 모든 부분을 포함하면 더욱 확대된 목표를 생각하여 그에 걸맞게 행동할 것이다. 모든 사람이 이렇게 한다면 우리 지구는 완전히 달라질 것이다.

마지막으로 2002년 3월에 뇌종양 진단을 받은 제레미(Jeremy)의 이야기가 있다. 투병 과정에서 그가 목표와 의지를 통해 어떤 결과를 얻었는지 들어보면 모두들 놀랄 것이다. 제레미는 2002년 10월에 다시 '파이크 플레이스 피시'로 복귀했다. 무슨 일이 있었는지 들어 보자.

'파이크 플레이스 피시' 는 병과 싸우기 위해 어떤 선택을 해야 하는지 가르쳐 주었다. 증세가 나타나기 시작하자 모든 사람이 병원에 가보라고 나에게 말했다. 귀에서 윙윙거리는 소리가 나고 두통에 시달렸다. 이제 곧 여름이고 한창 바쁠 때가 다가오기 때문에 일을 그만 두고 싶지 않았다. 나는 여름이 좋다. 이런 일이 나에게 닥치리라고 예상하지 못했다. 병원을 찾아갔더니 의사는 뇌에 골프공 크기 정도의 종양이 있다고 말했다. 새미는 다음 한 주 동안 정밀 검사를 하며 쉴 수 있도록 해주었다. 3월 중순이었다. 세미나에 계속 참석하였으며, 뇌종양 때문에 일을 못하리라고는 생각하지 않았다. 잠시 휴가를 갖는다고 생각했다. 뇌종양은 분명히 내가 해결해야 할 큰 문제였다. 그들도 나의 싸움에 기꺼이 힘을 보태주려 했다.

처음에 의사들은 수술을 해야 할지, 방사선 치료를 해야 할지 갈피를 잡지 못했다. 수술을 선택했다면 나는 지금 이 자리에 있지 못할 것이다. 종양이 아주 치명적인 부분에 발생했기 때문이다. 뇌 줄기 상부의 한 가운데 종양이 자리를 잡고 있었기 때문에 수술을 통해 제거하려 했다면 나는 죽고 말았을 것이다. 의사들은 한 달 정도 기다려 본 다음에 치료 방법을 정하겠다고 말했다. '왜 나에게 이런 일이 생겼을까?' 하는 생각만 들었다. 하지만 죽음에 대한 생각만 하며 시간을 보내고 싶지 않았다. 즐겁고 힘찬 생활을 하고 싶었다. 그리고 그렇게 했다. 사실 내가 할 수 있는 일은 아무 것도 없었다. 그래서 차라리 원하는 것을 만들었다.

'파이크 플레이스 피시' 에는 활기가 있다. 내가 만난 사람들, 생선장수들, 그리고 자니는 내가 이곳에 있고 싶은 생각이 들도록 권고했다. 연락하고 싶은 생각이 간절했지만 다섯 달 동안이나 나는 그곳을 떠나 있었다. 내가 빠지자 새로 두 사람을 뽑아야 했다. 그런 생각을 하니 친구들에게 미안한 마음이 들었다. 내가 병에 걸렸기 때문에 더 오래 일해야 했던 친구도 있었다.

제레미는 화학치료를 세 차례 받았고, 의사들은 다시 한 달을 기다려 보자고 했다. 한 달 뒤에 **MRI**를 찍기로 했다. 이 기간 동안 제레미는 아무 것도 할 수 없었다. 적혈구 수치가 아주 낮았고 일정하지 않았기 때문이다. 게다가 의사들은 그에게 일을 하지 말라고 했다. 또한 제레미는 근위축증에 시달리고 있었기 때문에 물리치료를 받아야 했다. 시장에 다시 나올 수 있게 되자 그는 적응기간을 위해 두어 반나절씩 일했다.

이 모든 것을 겪으며 나는 마음 자세의 힘을 깨달았다. '나는 병을 이겨낼 것이다' 는 생각을 계속했다. 말한 대로 일어나게 마련이다. 뇌종양 진단을 받은 날부터 나는 이렇게 생각했다. 그렇게 헤쳐 나왔다.

모든 것이 계획대로 되었다. 25일 동안 방사선 치료를 받았다. 이 정도 치료면 종양이 모두 사라질 것으로 예상했다. 하지만 종양은 크기가 1/4 정도로 줄어들기만 했다. 그래서 제레미는 화학치료를 한 번 더 견뎌야 했다. 그는 자신에게 말했다. "화학 치료도 기꺼이 견딜 수 있어." 그리고 화학 치료도 무난히 끝냈다. 구역질을 하지도 않았다.

머리카락이 모두 빠졌다(웃음). 샤워를 하고 나와 내 모습을 볼 때면 이런 생각이 들었다. "이럴 줄은 미처 몰랐는데……." 끔찍했다. 하지만 내가 어떻게 병과 싸우고 있는지 나 자신에게 당당하게 말할 수 있다는 사실은 큰 힘이 되었다. 단순히 암 때문이 아니다. '파이크 플레이스 피시' 에서는 어떤 일을 하겠다고 말하면 동료들도 그 말을 믿고 도움을 준다. 자기가 한 말을 지키려 하기 때문이다.

이상하게 들릴지 모르지만, 이렇게 하면 엄청난 힘을 얻을 수 있다. 밤에 한두 시간 정도 자고 하루 종일 잠을 못자는 경우가 있었다. 그럴 때면 나 자신에게 이렇게 말하고는 했다. "나는 야행성이다. 잠이 필요 없는 불면증 환자다."
이렇게 말하며 살기로 선택했다. 언젠가 과거를 회상하면서 뿌듯하게 생각할 것이다. 사람들은 자기에게 이런 일이 생기리라고 예상하지 못한다. 하지만 막상 그렇게 되었을 때 이렇게 하면 모든 것을 잃지는 않는다. 그것이 중요하다. 나의 인생에서 중요한 한 페이지를 만들어 가는 것이다.

제레미

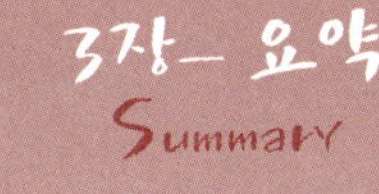

- 스스로 정한 목표를 달성하려는 강력한 의지에서 실천과 행동이 나온다.

- 평범함에서 위대함으로 변화를 실현하려면 목표가 길을 인도하도록 해야 한다.

- 목표를 정하고 성취하겠다는 강한 의지를 갖고 노력하되 결과에 너무 집착하지 않도록 한다. 모든 가능성에 문을 열어 놓는다.

4 기회와 변화

아, 가능성!

세계적으로 유명한 '파이크 플레이스 피시'의 생선장수들은 서로가 발전할 수 있도록 격려하고 지원한다. 손님들의 삶에서 강력하고 긍정적인 차이를 만들 수 있는 기회를 그들은 매일 추구한다. 한 사람이 다른 사람의 삶에 영향을 줄 수 있다. 모두 힘을 합치면 차이를 만들어낼 무한한 가능성의 세계가 열린다. 이것이 바로 그들의 목표이고 비전이다.

일을 하다 보면 생선장수들도 싸움, 말다툼, 손님과의 불쾌한 경험, 동료와의 마찰을 겪는다. 그럴 때마다 그 상황에서 어떻게 행동할 것인지 선택하는 기회를 갖는다. 선택에 따라 다른 결과가 발생한다. 매 순간마다 그 상황을 변화시킬 기회가 있으며, 각각의 상황에는 수백 또는 수천의 그런 기회가 존재한다.

이름이 사라(Sarah)인 어떤 여자 손님을 상대할 때 있었던 일을 버기(Bergge)가 털어놓았다. 버기의 이야기를 듣다보면 다른 방향으로 상황이 전개될 수 있는 기회가 여러 차례 있었음을 알 수 있다. 그러나 차이를 만들겠다는 굳은 의지를 마음에 새긴 버기는 긍정적이고 강력한 차이를 만들기로 선택했다. 그의 이야기를 듣다보면 '여기에 모든 것이 있다.'는 생선 장수들의 생활철학을 다시 확인할 수 있다. 그 신념이 버기의 목표와 결합되어 어떤 결과를 낳았는지 잘 살펴보길 바란다.

한번은 단골손님 한 명이 주문하자 생선을 던졌는데 마침 그 밑에 어떤 여자 손님이 있었고 작은 얼음 조각 몇 개가 그녀에게 떨어졌다. 내가 얼음을 털어주자 그녀가 말했다. "이런 것 때문에 나는 이 빌어먹을 시장에 오고 싶지 않아." 갑자기 긴장했다. 우리 시장을 욕하고 있었기 때문이다. 그녀가 계속 말했다. "당신들이 이런 법석을 떠는 이유는 순전히 관광객들에게 보여 주기 위한 것이겠지. 우리는 생각하지도 않지. 이곳에 살고 있는 주민들은 전혀 신경도 쓰지 않을 거야."

그녀의 말이 끝나자 내가 말했다. "무슨 말인지 잘 알겠습니다. 그렇게 생각하는 사람들이 많지요. 하지만 확실히 해두고 싶은 것은, 우리는 즐겁고 재미있는 분위기를 만들고 있으며 사람들은 이곳에 와서 구경하고 싶어 한다는 것이지요. 당신이 이곳에 살고 있든 아니든 여기에서 모든 것을 즐기길 바랍니다. 불편한 것이 있다면 기꺼이 말해주면 좋겠습니다. 당신이 만족할 수 있도록 하겠습니다. 비록 당신 이

"…이런 것 때문에 나는 이 빌어먹을 시장에 오고 싶지 않아. 당신들이 이런 법석을 떠는 이유는 순전히 관광객에게 보여 주기 위한 것이겠지…."

름은 모르지만 손님과 우리 사이의 관계에 문제가 없기를 바랍니다." 그러자 그녀가 자기 이름이 사라라고 말했으며 나도 인사를 하고 내 소개를 했다.

사라의 생각이 옳다고 버기가 인정한 그 시점은 상황이 여러 방향으로 흘러갈 수 있는 중요한 순간이었다. 버기는 이렇게 말할 수도 있었다. "그래서 어쩌란 말이냐? 당신이 사든 말든, 나는 생선이나 팔면 그만이다. 당신이 5달러짜리 생선을 사지 않는다고 이 가게가 망하는 것도 아니다." 하지만 이런 반응은 버기가 지표로 삼는 삶의 목표와 '파이크 플레이스 피시'의 비전에 위배된다. 버기는 그렇게 생각하지 않았고 그렇게 말하지 않았다. 누군가 한번에 300달러어치 물건을 사고 다시 찾지 않는 것보다 그녀가 1주일에 한 번이나 두 번씩 찾아와 5달러짜리 연어를 사는 것이 더 소중하다고 말했다. 또한 사람이 너무 많아 카운터 가까이 올 수 없는 상황이라면 옆으로 돌아오라고 말했다. 그녀에게 도움이 될 수 있는 말을 했다. 좋지 않은 상황을 어떻게 이끌어 갈 수 있는지 보여 주는 이야기이다.

한참 동안 그녀가 보이지 않았다. 내가 제대로 말을 했는지 의심스러웠다. 그녀를 더욱 화나게 한 것은 아닌지 걱정되

었다. 다른 곳에서 생선을 살 것이라고 생각했다. 그런 어느
날 그녀가 다시 왔다.

"생선 한 마리를 살 때 당신처럼 나에게 관심을 보이고 친절
하게 말을 건넨 사람은 아무도 없었어요. 그때는 미안했습
니다. 아무 말도 못하고 불쑥 자리를 떠난 점도 미안합니다.
당신의 말에 어떻게 대꾸할지 몰라서 그랬습니다." 정말로
감동적인 순간이었다.

성장하고 발전하려면 때로 시간이 걸린다는 교훈을 얻었다.
좋지 않은 상황에서도 기회를 만들어낼 수 있다. 그리고 원
하는 결과를 얻으면 그보다 더 좋은 것은 없다. 차이를 만든
다는 목표가 내가 원하는 대로 이루어진 것이다. 나 자신이
어떤 차이를 만들어낸 것이다.

 버기

다른 사람을 위해 차이를 만들겠다는 목표를 세운 버기는 자
신의 모든 것을 책임지는 자세로 생활한다. '파이크 플레이스
피시'의 생선장수들은 매일 서로 발전하도록 돕는다. 생선장수
들이 항상 100퍼센트 완벽하게 자신을 의식하며 사는 것은 아
니다. 하지만 끊임없이 노력하고 서로를 도와주면서 올바른 방

82

향을 향해 나아가고 있다. 이것이 바로 '파이크 플레이스 피시'를 위대하게 만드는 힘이다.

열린 자세와 의지는 변화와 새로운 기회를 가능케 하는 직접적인 요인이다. 기회는 상황의 호의적인 교차점, 또는 발전과 성장의 가능성이 큰 순간이라 할 수 있다. 차이를 만들고 사람들의 삶에서 즐거움을 유발할 수 있는 기회는 항상 있다. '파이크 플레이스 피시'는 재미와 즐거움이 자연스럽게 일어나는 곳이다. 하지만 그런 환경을 만들기 위해 생선장수들은 '파이크 플레이스 피시' 비전의 실천이라는 책임을 다한다.

그들이 새로운 기회를 향해 문을 활짝 연 순간, 좋은 사람이 오고, 좋은 환경이 만들어지며, 좋은 일들이 일어나기 시작했다. 제이슨의 다음 이야기는 하나의 기회가 수많은 다른 기회로 이어지는 놀라운 과정을 잘 보여 준다. 제이슨이 활동하고 있던 밴드의 베이스 연주자가 1년 사이에 계속 바뀌었다. 그들은 좀더 오래 활동할 수 있는 사람이 필요했다.

베이스 연주자가 필요했다. 우리는 베이스 연주자의 자격 조건을 정했다. 또한 마감기한도 정했다. 사실 나는 어떤 새로운 것을 목표로 정하고 추진할 때 언제까지 끝내겠다는 기한을 정해 놓는 경향이 있다. 그렇게 하면 보다 많은 사람

과 목표를 공유할 수 있으며, 그렇지 않았을 경우에는 절대
나타나지 않았을 기회들이 생기기도 한다. 모든 밴드가 모
인 자리에서 말했다. "6월까지는 베이스 연주자를 확보하도
록 하자." (3개월 뒤가 바로 6월이었다). 모두들 불가능하다고 생
각했다. 그때 갑작이 어렸을 적 친구가 생각났다. 그는 베이
스 연주를 즐겨 하고는 했다.

Jaison
제이슨

제이슨은 그 친구를 찾아가 베이스 연주자가 필요하다고 말
했다. 제이슨은 이상한 일이라고 생각했다. 6월까지 베이스 연
주자를 확보할 수 있을 것이라고 밴드에게 말한 직후였기 때문
이다. 다른 친구들은 그의 말을 믿지 않았다. 하지만 실제로 그
렇게 되었다. 제이슨의 친구는 6월 이전에 세버헤드 밴드의 새
로운 베이스 연주자가 되었다.

기회를 찾아

생선장수들은 열린 자세로 새로운 기회를
추구하기 때문에 미처 생각지도 못한 기회를 만들어 내기도 한
다. 평범한 삶을 살고 있는 사람은 무슨 일이든 그냥 수용하기

만 하며, 마치 하나의 길만 있는 것처럼 생각하고 행동한다. 그러나 생선장수들은 위대함으로 향하는 길은 무수히 많이 있다고 생각한다. 인생의 방향을 제한하는 유일한 요소는 바로 자기 자신이다. 열린 자세로 새로운 기회를 추구하면 삶을 보다 활기차고 흥미롭게 만들 수 있다.

라이언은 대학 야구부에서 뛰고 싶어 했다. 고등학교 시절에 그는 파트타임으로 이곳 '파이크 플레이스 피시'에서 일했다. 대학 야구부에 들어가는 것은 그의 오랜 꿈이었다. 사람들로부터 많은 이야기를 들은 그는 자기 인생에서 어떤 일이 벌어지는지 직접 확인해 보기로 했다.

뛰어난 야구 선수는 아니었지만 그래도 웬만큼은 한다고 생각했다. 어느 날 회의를 마친 다음에 모든 사람들이 있는 자리에서 말했다. 대학에 가서 야구를 할 것이라고 선포했다. 당시 나는 고등학생이었고, 그렇게 할 능력이나 있는지도 몰랐다. 대학에 가려면 어떻게 해야 하는지도 몰랐다. 하지만 이것만은 알았다. 야구를 하고 싶어 한다는 것이었다.

나는 열심히 일하며 연습했고 대학에 들어가 야구선수로 뽑혔다. 그 다음에는 학교생활과 훈련에만 집중했다. 그렇게 노력한 이유는 나 자신의 맹세 때문이었다. 3년 전부터 나는 대학에 들어가 야구를 할 것이라고 다짐했다.

그때의 일을 다시 생각해봐도 어떻게 해서 대학에 갔고 야구를 하게 되었는지 잘 모른다. 그저 목표를 달성하는데 필요한 일은 무엇이나 했다. 이것이 내가 그토록 기다렸던 기회라고 큰 소리로 나 자신에게 말하고 필요한 모든 일을 했으며, 나머지는 운에 맡겼다.

대통령이 되겠다고 말하며 대통령 흉내를 내는 그런 것이 아니다. 나 자신이 대통령이 되고 싶은 생각이 없기 때문에 그런 일은 일어나지 않을 것이다(하지만 내가 되고 싶다면 그렇게 할 수도 있을 것이다!). 나는 나의 삶에 어떤 새로운 것을 끌어들였다. 당시에는 깨닫지 못했던 것이다. 대학에 가서 야구를 하려면 어떻게 해야 하는지도 몰랐다. 그저 기회를 향해 문을 열어놓았으며, 최선을 다해 준비했다. '선(禪)' 스타일의 생활 방식과 비슷하다(웃음).

　　새로운 기회를 만들고 그 기회를 이용해 자기 목표가 실현되도록 최선을 다하면 앞길에 놓인 모든 장애물을 극복할 수 있다. 마음 깊은 곳에 자리한 목표가 장애물을 헤치고 갈 수 있도

록 길을 인도하기 때문이다. 생선장수들은 자기들의 목표를 정확히 인식하고 있으며, 어떤 기회가 오더라도 그냥 흘려보내지 않도록 만반의 준비를 하고 있다. 길은 저절로 그 모습을 드러낸다. 위대함의 길을 가려면 어떤 기회가 닥치더라도 마음을 열어 놓고 있어야 한다.

생선장수들은 삶과 일이 효과적으로 조화를 이루도록 하고 있다. 현재 겪고 있는 것을 좋아하지 않거나 기회가 닥쳤을 때 마음을 열지 않는 사람은 쉽게 알아볼 수 있다. 행동에 그대로 나타나기 때문이다. 그런 마음자세로 살아가는 사람은 평범한 삶을 살 수밖에 없다.

새로운 기회를 창출하려면 마음의 힘을 알아야 한다. 생선장수들은 스스로 기회를 창출하기로 선택했다. 그들은 자기 자신이 가장 위대한 힘이 되어 줄 수도 있고, 오히려 자기 앞길을 가로막는 장애물이 될 수도 있음을 깨달았다. 라이언은 대학 야구팀에서 뛰겠다는 목표를 달성하기 위해 어떻게 해야 할지도 몰랐다. 단지 그 가능성에 마음을 열고 노력했다. 다가오는 기회를 잡을 수 있는 자세를 지녔다.

'파이크 플레이스 피시'의 생선장수들은 자기들의 일에 의미를 부여하며 목표를 갖고 기회를 만들어 가며 살려고 노력한다. 물론 기회를 알아보는 능력과 올바른 자세를 갖추는 것도 필요하다. 균형을 유지해야 한다. 목표와 의지가 생산적으로 균형을 이루어야 한다. 하지만 겉으로 보여 지는 것은 그대로 이다. '파이크 플레이스 피시'는 여전히 생선을 던진다.

저스틴(Justin)이 들려주는 다음 이야기는 새로운 기회에 문을 열어둔다는 것이 어떤 의미인지 잘 보여 준다. 거의 13년 동안 '파이크 플레이스 피시'에서 일한 그는, 수많은 사람이 이곳을 평범한 직장으로 생각하고 왔다가 삶을 더욱 힘차게 사는 방법을 깨닫고 실천하게 된 경우를 수없이 보았다. 새로운 어떤 것에 문을 열어 놓고 있는 사람과 그렇지 않은 사람의 차이를 그는 잘 알고 있다. 또한 같이 일하는 생선장수나 손님 모두 자신의 삶을 선택할 수 있는 곳에서 살기를 원한다는 사실을 그는 '파이크 플레이스 피시'에서 일하며 깨달았다.

이곳에 처음 일하러 온 사람은 뭔가 다르다고는 생각하면서도 그것이 무엇인지 정확히 알아내지 못한다. 약간은 충격을 받기도 한다. 예상하지 못한 것을 받아들일 자세가 되어 있지 않기 때문이다.

때로는 거부감을 느끼며 저항한다. 하지만 결국에는 다가오는 기회에 문을 열어 놓는다.

새로 들어온 사람은 자기 스스로 선택할 자유를 원하며, '파이크 플레이스 피시'에서 배운 것을 실천하고자 한다. 저스틴도 그런 것을 원했다. 행복하게 일하는 것이다. 사원 번호 428번이니 하는 식으로 불리는 것이 아니다. '파이크 플레이스 피시'는 선택이 있는 곳이다. 모든 생선장수들이 순간마다 자유의지로 선택을 한다. 선택을 하지 않는다 해도 그것 자체가 이미 선택이다. 인생이 달라질 수 있다는 점을 대부분의 사람들은 깨닫지 못한다고 저스틴은 생각한다. 또한 사람들이 바로 눈앞의 기회를 제대로 보지 못하기 때문에 수많은 좋은 기회를 놓치고 있다고 생각한다.

예를 들어 오늘 아침 7시에 관광버스 한 대가 우리 시장 옆을 아주 천천히 지나가고 있었다. 그때 나는 버스 옆으로 달려가 창문을 향해 연어를 던지기로 결심했다(웃음). 관광버스에 타고 있는 사람들 모두 깜짝 놀라면서도 멋진 장면으로 기억할 것이라고 생각했다. 그렇게 해서 그 순간에 나는 하나의 기회를 만들어냈다. 그 순간에 내가 보았던 기회는 버스 옆을 따라가며 허공에 연어를 던지는 것이었다.

사람들이 우리가 재미있게 일하기 위해 어떻게 하느냐고 묻고는 한다. 그런 질문을 받을 때마다 나는 그 순간에 생각할

수 있는 기회를 적극적으로 활용한다고 대답한다. 그렇지
않으면 관광버스가 지나가고 있다는 사실도 깨닫지 못했을
것이다. 버스에 타고 있는 사람들을 즐겁게 만들 기회를 생
각지도 못했을 것이다. 그 기회를 놓치고 말았을 것이다. 현
재 내가 어디에 있고 그곳에 어떤 기회가 있는지 관심을 갖
고 살펴보지 않으면 아무 것도 보이지 않는다. '파이크 플레
이스 피시'에서 내가 할 수 있는 것은 다른 곳에서도 할 수
있다. 어떤 문화와 조직 구조를 가진 기업이라도 가능하다.

지켜야 할 어떤 규칙이 아니라 삶의 방식이기 때문이다. 바로 앞에 기회가 있다는 사실을 깨닫는 것이 중요하다.

Justin
저스틴

열린 마음으로 새로운 기회를 바라보기 때문에 전에는 상상도 못했던 문이 열렸다. 항상 기회를 생각하고 있기 때문에 '파이크 플레이스 피시'를 위해 세계의 문이 열렸다. 그리고 그들 자신에게도 설명할 수 없는 일들이 벌어졌다. 생선장수들은 왜 그렇게 되었는지 고민하느라 시간을 허비하지 않는다. 그저 눈앞에서 벌어지는 모든 것을 소중하게 생각한다.

새로운 기회로의 초대

생선장수들은 차이를 만든다는 목표를 실천하고 서로의 발전에 기여할 수 있는 기회를 모색하며 하루하루를 보낸다. 그런 기회를 찾는 과정에서 그들은 미지의 미래를 이해하는 능력을 키웠다. 모든 순간이 새롭다고 생각하는 그들은 미래를 향해 걸어가면서 동시에 과거로부터 벗어나고 있다. 단순히 과거를 잊는다는 의미가 아니다. 과거의 경험은 무한한 가치를 지니고 있다. 그보다는 미래를 향해 걸어가고 과거로부터 벗어난다는 것은 현재를 더욱 정확하게 인식한다는 의미이다.

요점은 이렇다. 여러분이 현재를 결정하는 것은 과거가 아니라 여러분을 기다리고 있는 기회이다. 이곳의 생선장수들은 모두 그들의 개인적·집단적 목표를 실현할 수 있는 기회를 자각함으로써 '월드 페이머스 파이크 플레이스 피시'가 존재하도록 만들었다. 바로 전까지만 해도 존재하지 않았던 새로운 기회를 그들은 계속 만들어 나가고 있다. 그리고 그런 기회를 통해 차이를 만들어 내는 잠재력을 발휘함으로써 그들의 위대함이 빛을 발하고 있다. 그들이 그런 기회를 인식하지 않기로 선택했다면 끊임없이 다가오는 무수한 기회를 그냥 지나쳤을 것이다. 그들은 그런 기회를 알아보고 이용하기로 선택했다. 매 순간마다 그렇게 하기로 선택한 것이다.

이 모든 것이 근사하게 들리겠지만 말처럼 쉽게 되는 것도 아니라고 생각할지 모른다. 때로는 아무 것도 하기 싫을 때가 있다. 맞는 말이다. 하지만 예상하지 않았거나 원하지 않은 어떤 것에 직면하는 순간에도 누구나 선택을 해야 한다. 아무 선택도 하지 않을 수 있다. 하지만 어떤 사건이 벌어지면 어쩔 수 없이 선택을 해야 하고, 그 때문에 보다 힘찬 삶을 살아야 하는 수가 있다. 상황 자체에 잠재된 새로운 기회를 적극적으로 찾을 수도 있고, 좌절하고, 분노하고, 상처입고, 후회하며 그냥 살기로 선택할 수도 있다. 그리고 자기 감정에 빠져 모든 것을 날려 버릴 수 있다.

다른 곳에서 일하더라도 달라질 것은 없다. 상황에 따라 다른 선택을 할 것이기 때문이다. '파이크 플레이스 피시' 의 생선 장수들은 목표가 무엇인지 끊임없이 자문한다. 좋지 않은 상황이 닥쳐도 그들은 운명을 통제할 수 있다고 생각한다. 생각과 말과 선택과 행동을 통해 그들은 목표를 성취한다. 열린 마음으로 기회를 추구하기 때문에 그들은 다른 삶을 살아간다. 우리 앞에 놓인 무한한 가능성을 한번 상상해보라.

마지막으로 도우(Doug)의 이야기가 있다. 그는 '파이크 플레이스 피시' 에서 풀타임으로 일하며 대학을 마치고 아이 다섯을 키웠다. 현재는 여건이 되는 대로 이곳에서 파트타임으로 일한다. 또한 고등학교에서 교사로 일하고 있다. 기회를 찾을 수 있게 됨으로써 그는 자기 행동과 자기가 겪고 있는 상황에 대해 책임을 져야 한다고 깨달았다. 아무리 큰 장애물이 있어도 도우는 열린 자세로 기회를 적극적으로 이용하며 힘찬 삶을 살고 있다.

그의 아내가 다발성 경화증으로 고생하고 있기 때문에 도우의 가족은 많은 시간을 병원에서 보낸다. 다발성 경화증이 불치병이기는 하지만 그는 세상을 밝게 비추는 삶을 추구하며 살고 있다. 다발성 경화증과 싸우면서도 그는 언제나 즐겁게 생활하며 새로운 기회를 만들어가고 있다.

그 어떤 것도 그렇게 힘들지는 않다고 생각한다. 우리 가족은 심각한 질병과 싸우고 있다. 아내는 다발성 경화증에 걸려 고생하고 있다. 병원에 가서 치료받는 것을 좋아할 사람은 아무도 없을 것이다. 하지만 나는 아내와 아이들이 즐겁게 병원에 가도록 하고 있다. 다발성 경화증이 우리 가족에게는 또 다른 기회라고 생각한다. 아이들이 병에 걸린 사람을 가까이서 보고 느낄 수 있는 기회라고 생각한다.

그런 점에서 나는 아내에게 매 순간을 즐기라고 말한다. 물론 다발성 경화증에 걸려 고생하는 아내로서는 그렇게 하기가 쉽지 않을 것이다. 가족들의 건강을 항상 생각한다. 건강해야 행복하다고 믿는다. 사람들은 우리를 행복한 가족이라고 생각할 것이다. 다른 가족과 다를 바가 전혀 없다. 잠자기 전에 양치를 하고 제 시간에 잠을 잔다. 우유를 마시고 야채를 먹는다. 하지만 우리는 그 모든 일을 즐겁게 한다.

'파이크 플레이스 피시'에서도 마찬가지이다. 도처에 기회가 있다. 모든 것이 하기 나름이라고 생각한다. 아내는 내가 그녀를 행복하게 만든다고 말한다. 아내가 항상 내 의견에 동의하는 것은 아니지만 내 생각을 지지한다. 우리는 이런 농담을 즐겨한다. "뭐? 저녁 식사에 늦었다고? 다발성 경화증 때문이야." 공과금을 늦게 내는 경우에도 이렇게 말한다. "이봐, 아내가 아파서 그래, 그럴 수도 있지." 이렇게 말하며 웃는다. 우리는 웃으며 즐겁게 지낸다.

도우의 가족은 그들 앞에 놓인 모든 기회를 향해 문을 열어 놓고 산다. 예를 들어 지금까지는 서양의학으로만 치료를 받았지만 이제는 동양의학도 큰 도움이 될 수 있다고 생각한다. 가능성에 문을 열어 놓고 있는 것이다. 도우의 아내는 침을 맞고 있으며 병세가 조금 호전되기도 했다.

새로운 것이다. 전에는 생각도 못했던 변화구이다. 정신 나간 소리처럼 들릴지 모른다. 하지만 가족 중의 누군가가 다발성 경화증에 걸렸다고 즐겁게 생활하지 못할 이유는 없다. 병에 걸렸어도 재미있게 살 수 있다. 새로운 음식을 요리해 먹으면서 우리는 즐거워한

다. 지금 이 순간에 우리 가족이 어떻게 살아갈지 나 자신이
선택할 수 있다. 앞으로 20년 뒤에 이 순간을 어떻게 생각할
지도 내가 선택한다.

아내의 병은 우리가 선택하지 않았다. 하지만 지금 이 순간
에 우리는 끔찍한 경험을 선택할 수도 있고, 우리의 삶에서
중요한 기회로 생각하고 나중에 되돌아보며 함께 웃고 소중
하게 생각하는 추억이 되도록 선택할 수도 있다. 멋진 순간
을 선택할 수 있다는 것은 더욱 즐거운 일이다.

도우

언제든지 새로운 기회를 만들 수 있다. 존 F. 케네디 대통령
이 1960년대 말까지 사람이 달에 가도록 하겠다는 말을 했을
때 엄청난 기회의 문이 열렸다. 우주선을 달에 착륙시키는 일
은 케네디 대통령이 선언했던 1961년 당시에 존재했던 추진력
과 우주 항해, 생명 보조장치 기술만으로는 가능하지 않은 것
이었다. 케네디 대통령의 선언으로 어떤 일이 벌어질지 아무도
몰랐다. 사람을 달에 보낸다는 최초의 계획이 어떤 신기술의
탄생으로 이어질지 아무도 예상하지 못했다. 그러나 케네디 대
통령의 선언은 수많은 창조적 기회를 낳았다. 그의 선언이 없

었다면 그 많은 기회도 없었을 것이다. 이 웅장한 계획을 실현하기 위한 집단적인 노력을 통해 재료, 기술, 과학 분야에서 새로운 진보가 이루어졌다.

목표는 미래를 배경으로 한다. 미래는 다양한 방식으로 자신을 만들어가고 있다. 생선장수들은 매 순간마다 자기들의 미래를 바꾸고 변화시킨다. 그리고 매 순간마다 그들은 선택을 하며 온갖 기회를 만들어간다. 오직 자신만이 자기 인생의 항로를 의식적으로 바꿀 수 있다. 다른 사람과 교류하고 상황에 대처해 가면 새로운 기회가 만들어 지기도 한다.

4장_ 요약
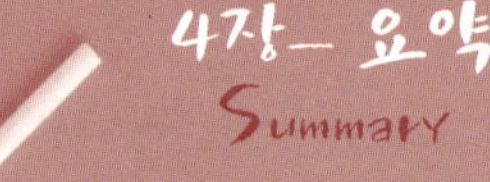

- 기회는 상황의 호의적인 교차점 또는 발전과 성장의 가능성이 가장 큰 순간이라 할 수 있다.

- 매 순간마다 상황을 변화시킬 기회가 있으며, 각각의 상황에는 수백 또는 수천의 그런 기회가 존재한다.

- 평범한 삶을 살고 있는 사람은 앞에 놓여진 것을 그저 받아들일 뿐이며, 오직 하나의 길만 있는 것처럼 반응한다. 그러나 위대함을 추구하는 사람은 다양한 길이 있다고 생각한다.

- 과거가 우리의 현재를 결정하지 않는다. 우리를 기다리고 있는 기회가 우리의 현재를 결정한다.

5 현실을 새롭게 만들자

생각에 대한 새로운 시각

생선장수들의 생각과 말, 행동을 통해 그들이 이 세계와 현실을 어떻게 바라보고 있는지 알 수 있다. 말은 생선장수들이 손님이나 그들끼리의 관계에서 사용하는 중요한 도구이다. 말은 일반적으로 다른 사람과의 커뮤니케이션을 위한 도구이다. 하지만 보다 큰 의미에서 말은 여러분 자신과 여러분의 현실을 연결시켜 준다.

'생각(thinking)'은 우리가 우리 자신에게 말을 거는 것이다. 우리의 정신은 정보를 처리한다. 내부 피드백 시스템(internal feedback system)과 같다. 자신감, 동기부여, 자존심, 자세, 성취

등은 우리의 마음에 자리 잡고 있으며 우리 자신이 통제하고 있다. 우리는 생각을 통해 내부 피드백 시스템과 연결된다.

사고의 기본 개념 측면에서 '파이크 플레이스 피시'는 다른 곳과 다를 바 없다. 다른 것이 있다면 일의 물리적 측면과 일반적인 운영 방식에 대한 생각의 차이이다. 생선장수들은 살아가면서 겪는 모든 일에 어떻게 대응할지 결정하는 것은 바로 자기 생각이라고 믿는다. 또한 다른 사람을 어떻게 보고 다른 사람이 그들을 어떻게 보는지도 결정한다고 믿는다. 생각과 말은 사람들의 변화와 그 변화에 수반되는 모든 기회와 역경을 어떻게 바라보는지 결정한다.

말의 중요성에 대한 생선장수들의 자각은 그들 자신을 평범함에서 위대함으로 변화시킬 기회의 문을 열었다. 앤더스 (Anders)가 들려주는 다음 이야기는 생각을 바꾸었을 때 어떤 일이 벌어지는지 잘 보여 준다. '파이크 플레이스 피시'에서 일하기 시작했을 때 앤더스는 다른 사람과 함께 일하기가 불편하고 힘들었다. 그러나 이 감정은 모두 마음에서 나온 것이라는 사실을 깨달았다. 생각을 바꿀 수 있다는 사실을 깨닫자, 그는 다른 삶을 경험하기 시작했다. 말과 생각의 힘을 깨닫게 된 앤더스는 많은 문제를 더욱 효과적으로 처리하게 되었다. 생각과 말에 책임을 지면서 생각 자체를 바꿀 수 있게 되었다.

이전의 모든 불편한 감정들은 모두 나의 마음에서 나온 것이었다. 예를 들어 위에 올라가 일을 할 때면 우리를 바라보는 사람들이 나를 흉볼 것이라는 생각을 하고는 했다. 실수라도 하지 않을까 두려웠다. 하지만 사람들은 나를 평가하고 심사하기 위해서가 아니라 그저 구경거리를 찾아 시장을 찾은 것뿐이었다. 모든 것이 나의 생각 때문이었다.

어느 순간 내 생각을 바꿀 수 있다는 사실을 깨달았다. 그 순간에 내가 무슨 생각을 하느냐에 따라 실제로 그렇게 된다. 불편하고 부끄러운 느낌을 가지면 나를 둘러싸고 지켜보는 사람들도 그렇게 생각한다. 이제 나는 그렇게 생각하지 않는다. 자신 있게 사람들 앞에 선다.

삶을 완전히 바꾸어 놓았다. 사람들 앞에 나서서 말하기란 죽기보다 싫었던 나였다. 대학 다닐 때도 남들 앞에서 말하기를 아주 싫어했다. 이제는 수천 명을 앞에 두고도 편하게 말할 수 있다.

모든 것이 마음먹기에 달렸다. 이렇게 생각하면 상황을 만들어 갈 수 있다. 자신감을 가지면 사람들도 나를 그렇게 생각한다. 같은 생각을 하게 만든다.

사람들은 시장에서 일하는 우리에게서 그런 점을 본다. 그리고 그 때문에 이곳을 찾는다. 차이를 만들겠다는 우리의

목표를 실천하는 과정에서, 우리는 우리의 일터에 활기찬
에너지가 넘치도록 하고 있다.

'파이크 플레이스 피시'에서 일하기 전에 앤더스는 비슷한
말을 써놓은 많은 책을 읽었다. 하지만 '파이크 플레이스 피시'
는 그에게 구체적인 방법을 가르쳐 주었다. 앤더스는 다른 사
람들과 함께 일하며 '자발성(willingness)'이 무엇인지 배웠다.
자발성은 변화를 실현시키는 길이다. 자기와 다르다는 이유 때
문에 다른 사람의 생각에 마음을 닫고 살지 않는다. 열린 마음
으로 다른 사람의 말에 귀를 기울여야 한다는 점을 깨달았다.
배울 가치가 있다고 여긴 모든 생각과 아이디어를 자기 것으로
받아들였다. 이제는 그 모든 것이 완벽하게 자기 것이 되었다.

나 자신의 마음을 보다 깊이 이해하게 되면서 문제를 해결
하는데 많은 도움이 되었다. 전에는 이렇게 생각했다. "그저
생선을 팔고 사람들에게 몇 마디 말만 건네면 되겠지. 무슨
특별한 일이 일어나기를 기다리며 나를 쳐다보고 있는 사람
들을 생각하면 머리가 아프다." 그날 밤 회의 시간에 나는
내 생각을 털어놓았다. 그리고 모든 것이 변했으며 즐겁게
일하기 시작했다.

무슨 생각을 하고 있는지 의식하기 시작했다. 오랫동안 나를 소극적으로 만들었던 것들이 무엇인지 깨닫게 되었다. 생각을 완전히 통제한다는 것은 나를 잡아끌어 다른 길로 가게 만드는 생각이 나를 지배하지 못하도록 한다는 의미이다. 부정적인 생각을 할 때도 있다. 인간이란 모두 그렇다. 하지만 가능하면 부정적인 생각을 줄이고, 더 적극적인 생각을 하는 것이 중요하다.

일상의 사소한 대화와 말이 나에게 힘을 줄 수도 있고 빼앗아 가기도 한다. 예를 들어 어제 공항으로 가는데 길이 꽉 막혀 고생했다. 예전 같으면 참지 못하고 폭발했을 것이다. 하

"…어제 공항으로 가는데 길이 꽉 막혀 고생했다. 예전 같으면 참지 못하고 폭발했을 것이다. 하지만 이제는 그런것 때문에 화내지 않는다…."

지만 이제는 그런 것 때문에 화내지 않는다. 현재 내가 있는 곳을 거부하지 않기로 했다. 내가 있는 곳이 바로 여기이기 때문이다.

화를 낸다고 도로 사정이 좋아지지도 않는다. 화를 내면 오히려 에너지를 낭비할 뿐이다. 그런 것에 힘을 낭비할 필요는 없다. 이제 그런 것은 나의 삶에서 중요하지 않다.

Anders
앤더스

우리는 항상 무엇인가를 생각하고 있다. 깨어 있는 동안에 항상 생각한다. 잠을 자고 있을 때도 꿈을 꾸며 생각한다. 사람들은 다양한 방식으로 자기 생각을 통제한다. 하지만 생선장수들은 생각을 완전히 바꿀 힘이 있음을 깨달았다. 그러나 생각을 바꾸기에 앞서, 무슨 생각을 하고 있는지 먼저 알아야 한다. 자기가 어떤 생각을 하고 있는지 인식하게 되면 변화의 가능성은 커진다.

'파이크 플레이스 피시'의 생선장수들은 자기들의 사고방식에 애착을 보인다. 그런 자신을 줄에 꿰인 생선 같다고 말한다. 그리고 다른 사람들도 그들의 사고방식을 받아들이도록 만든다. 때로는 자기들의 생각이 타당함을 입증할 방법을 찾고는 한다. 평범함에서 위대함으로 변하기 위해, 생선장수들은 생각을 인식하고 바꾸었다.

지금까지 자기가 어떤 생각을 하고 있는지 진지하게 생각해보지 않았다면 지금이라도 한번 해볼 필요가 있다. 일단 자기 생각을 자각하기 시작하면 지금까지와는 전혀 다른 삶을 살 수 있다. 자기 생각이 행동과 삶을 어떻게 이끌어 가는지 이해하고 생각과 말의 힘을 인식하는 순간부터는 자기 생각을 놓치는 일이 없게 될 것이다.

생선장수들은 자기들의 생각을 읽게 되면서 다른 사람의 생각도 이해하기 시작했다. 사람들은 말을 통해 다른 사람의 생각과 연결되기 때문이다. 삶에 대해 부정적인 생각을 갖고 있는 사람을 발견하면 생선장수들은 그 사람이 보다 긍정적으로 생각하게 만들기회가 있다고 여긴다. 러셀(Russel)의 이야기에서 이 말이 무슨 뜻인지 분명하게 이해할 수 있다.

2001년 아메리카교육개발협회(American Society for Training and Development) 컨퍼런스에 '파이크 플레이스 피시' 대표로 참석한 적이 있다. 그때 노년의 한 신사와 그의 부인이 다가와 어디에서 왔느냐고 물었다. 나는 시애틀의 어시장인 '파이크 플레이스 피시'에서 왔다고 말하고는 우리가 무슨 일

을 어떻게 하고 있는지 설명했다. 설명을 들은 그 노신사는
그의 사위에게 도움이 될 말이라고 했다. 사실 그는 사위를
싫어했다. 나는 그의 사위에 대해 말해 달라고 했다. '바로
여기에 모든 것이 있다.'고 생각하며 살고 있는 나는 다른
사람의 말을 들을 때마다 어떤 기회를 찾는 버릇이 생겼다.
그 신사는 사위가 딸에게 잘 하지 않는다고 생각했으며, 그
친구는 딸이 꿈꾸던 이상형도 아니라고 보았다. 그가 말을
마치자 내가 말했다. 그의 생각이 실제로 사위가 살아가고
있는 현실을 만들고 있다고 했다. 딸과 사위에 대한 지금까
지의 그런 생각을 버릴 의사가 있는지 물었다. 또한 딸을 믿
어야 하며, 그의 딸은 현재 자기가 원한 남자와 살고 있다고
말했다. 그의 사위가 실제로 굉장한 사람이라면 어떤 모습
일지 우리는 한참 이야기했다.

그런 이야기를 하던 도중에 그가 갑자기 생각을 바꾸었다.
완전히 달라진 모습이었다. 방아쇠가 무엇이었는지 모르지
만, 그의 생각이 변하고 있음을 분명히 알 수 있었다. 집에
돌아가면 사위에게 전화를 걸어 대화를 나누어 보라고 말했
다. 그는 그렇게 하겠다고 했다. 그는 나에게 무척 고맙다고
말했다. 이미 사위와의 관계가 새롭게 시작되고 있었던 것
이다. 그와 그의 아내에게는 잊을 수 없는 소중한 경험이었

을 것이다. 나로서도 그렇다.

길을 아는 것과 실제로 길을 가는 것은 큰 차이가 있다. 나 자신의 생각이 나의 길을 제한할 수 있다는 점을 많이 생각해보았다. 우리가 달성한 것을 되돌아보면 우리 어시장이 세상을 변화시키고 있다고 생각한다.

Russell 러셀

자기 생각을 인식하게 만드는 독창적인 방법을 러셀의 말에서 찾아볼 수 있다. 자기 자신에 대한 인식이 커지면서 생선장수들은 다른 누군가가 언제 부정적인 생각을 하고 있는지 쉽게 파악할 수 있게 되었다. 부정적으로 생각하는 사람 스스로 그런 자신의 생각을 인식하게 만드는 방법을 갖고 있다. 보이지 않는 낚싯대로 큰 물고기를 끌어당기듯이 몸을 뒤로 기울이는 생선장수의 모습을 생각해 보자. 낚시를 하듯이 머리 속으로 생각을 잡아채는 연습을 하는 것도 마찬가지 효과를 낸다.

말을 바꾸는 것은 실제로 생각을 바꾸는 것과 같다. 버기(Bugge)는 자기 생각이 인간관계에 어떤 영향을 주었는지 털어놓았다. '파이크 플레이스 피시'에서 일하기 전만 해도, 그는 이 세상은 자기편이 아니라는 생각을 하고는 했다. 하는 일마다 뜻대로 되지 않았고, 그런 경험을 하면서 부정적인 생각이 깊이 자리 잡았다. 하지만 자기가 사용하고 있는 말과 사고방식을 인식하기 시작하면서 그는 다른 사람과 더 좋은 관계를 맺고 좋은 경험을 하며 살 수도 있다는 점을 깨닫게 되었다.

절대 쉴 수 없다는 생각을 하고는 했다. 쇼를 보지도 못할 것이라고 생각했다. 나 자신에게 이런 말을 했다. "그것 봐라. 나 때문이지." 나는 모든 것을 어쩔 수 없는 운명이라 생각하며 살았다. 내가 삶을 만드는 것이 아니라 삶이 나를 만들었다. 삶에 대해 진지하게 생각해 보지도 않았다.

그것이 나였다. 삶의 희생자였다. 모든 것이 나의 의지와 상관없이 벌어졌다. 방어적 입장에서 나쁜 일이 일어나기를 기다렸다. 항상 짜증스러운 표정을 지었다. 다르게 살아갈 수 있다는 사실을 깨닫지 못했다.

'파이크 플레이스 피시'에서 일하기 시작했을 때 믿을지 모르지만 나는 모든 새로운 사고방식을 거부했다. 다른 사람이 일을 어떻게 하는지 설명하면 나는 가만히 듣고 고개를 끄덕인 다음에 말했다. "예, 예, 알겠습니다." 그리고는 작은 목소리로 이렇게 말하고는 했다. "앞에서는 그렇다고 해야 아무 문제가 없는 거야. 저 사람이 가고 나면 나는 내 방식대로 일할 거야." 다른 사람의 지도를 받고 말을 듣고 기회를 잡아내는 것을 오랫동안 거부했다. 나 자신이 정말로 부정적이라고 생각했다. 다른 사람은 어떻게 생각하는지 모르지만 나는 항상 그랬다. 믿을 수 있겠는가? 나를 여기에 묶어두고 있는 것은 사람들이다. 나는 함께 일하는 사람들을 사랑한다. 사람들이 우리에 대해 갖는 생각도 사랑한다. 순간적으로 유명해졌다. 나는 대단한 생선장수였다(웃음).

저스틴과 함께 회의에 참석해서 이런 말을 했다. "이런 회의가 아주 싫어. 완전히 시간 낭비야. 차라리 다른 일을 하는 것이 낫다." 그러자 저스틴이 말했다. "다른 것에도 적용하도록 해봐." 그의 말에 이렇게 대꾸했다. "그러고 싶지 않아. 이미 즐겁게 일하고 있어." 그러자 그가 말했다. "그렇다면 개인적인 부분에도 적용하도록 해봐." 그의 말을 듣고 그곳에서 일한 일년 반의 기간을 한번 생각해 보았다. 적용할 어떤 것을 찾으려 하지 않았다.

적용할 거리를 하나 찾아보기로 했고, 그것은 듣기와 관련된 것으로 했다. 다른 사람의 말을 듣는 방식에 대한 것이다. 돌이켜 생각해보면 그때의 결정은 나의 첫 시도치고는 엄청나게 큰 것이었다. 오랫동안 힘겨운 전투를 벌였다. 잘 듣고 있다고 생각했기 때문이다.

상대방이 말하고 있는 동안에 나는 머리 속으로 수천 가지 다양한 생각을 하고는 했다. "어떻게 반박할 수 있을까?" 계속 생각했다. "잊지 말자, 잊지 말자, 잊지 말자." 어떤 말로 대꾸할지 계속 생각했다. 상대방이 말을 끝내지 않았어도 중간에 끼어들어 이렇게 말하고는 했다. "그게 그런 것인데, 사실은 그렇지 않다."

다른 사람의 말을 들을 때 어떻게 하고, 어떤 생각을 하든, 모든 것이 나의 책임이라고 생각했다. 이제는 상대방의 말을 잘 듣고 무슨 말인지 생각한다. 내 생각을 불쑥 말하지 않는다. 모를 때는 모른다고 말하는 법을 배웠다. 누군가 나에게 말하고 있는 동안에는 나의 마음을 닫아걸고 듣기만 한다. 그리고 대화를 통해 더 많은 것을 얻는다.

 버기

말한 대로 얻는다.

'파이크 플레이스 피시'의 생선장수들은 말이 상황을 어떻게 반영하는지 잘 알고 있다. 원하지 않은 상황을 접하면 그 상황에 대한 생각과 표현 방법을 바꿈으로써 그 상황을 다른 방식으로 경험할 수 있다. 도우(Doug)가 들려준 다음 이야기는 그의 인생에서 여러 상황이 벌어졌을 때 그가 어떻게 의미를 부여하고 변화시켰는지 잘 보여 준다. 위대함의 놀라운 사례이다.

어시장에서 일하기 시작했을 때 나는 18살이었고, 대학교에 갓 입학한 상태였다. 당시 상황은 최악이었다. 병에 걸렸고 교통사고를 당했으며 여자 친구가 임신을 했다. 이제 와서 '여자 친구' 라고 말하니 이상하다. 8년 전에 결혼했기 때문이다.

학교에 복학했고 '파이크 플레이스 피시' 에서 일하며 번 돈으로 가족을 부양했다. 학교 공부를 마치고 수학 학사 학위를 받았다. 부전공으로 스페인어를 공부했다. 이 시기에 아내와 나는 아이 둘을 두었다. 학사 학위를 받을 즈음에는 딸이 셋이나 되었다. (동료들은 이렇게 말하며 나를 놀리고는 했다. '도우는 사내아이는 낳지 못해.') 모두들 웃으며 나를 놀렸다. 그래서 나는 집으로 가서 아들을 만들었다.

1년 뒤에 도우는 교육학 석사 학위를 받고 교사 자격증도 취득하여 시애틀 남부에 있는 케네디고등학교에서 농구 감독으로 일하기 시작했다. 그러면서도 '파이크 플레이스 피시' 에서

일하며 부수입을 올렸다. 현재는 집도 장만했고, 사내 아이 둘
을 더 낳았다.

지금까지 살아오면서 나는 모든 상황에 나름대로 의미를 부여했다. 많은 사람이 나에게 이렇게 말했다. "너는 다시 학교에 갈 수 없다. 일을 해야 한다. 카드 값을 갚아야 한다. 가족을 부양해야 한다." 나는 모두 할 수 있다고 생각했다. 공부도 하고 가족도 부양할 수 있다고 생각했다. 그렇게 하고 싶고, 할 수 있다고 생각했기 때문이다.

더 많은 돈을 벌기 위해 일이 끝난 뒤에도 호텔에 물건을 배달했다. 5년 동안 그렇게 했다.

자동차가 생선 박스로 가득 차면 아내와 아이들은 시장 주변을 돌아다니기도 했다. 그 순간을 즐겁게 보냈다. 다른 모든 사람들이 생각하는 의미를 그대로 받아들이지 않았다. 나만의 의미를 추구했다.

모든 것이 생각대로 풀렸다. 삶의 의미는 내가 원하는 대로 된다고 생각하고 항상 긍정적인 생활을 하도록 노력했다. 계속해서 앞으로 전진 했다. 완벽하다고 생각되지 않을 때에는 완벽하게 만들 기회를 찾았다. '파이크 플레이스 피시'는 단지 일만 하는 곳이 아니다. 무슨 일을 하든 위대한 삶을 살고 싶다.

도우

　말과 생각의 힘에 대한 인식이 오늘날의 ‘파이크 플레이스 피시’를 만드는데 중요한 역할을 했다. 생선장수들은 자기들이 선택한 삶을 실현할 수 있는 말을 사용한다. 자기 생각과 말과 행동에 책임을 지며 살고 있다. 그들이 사용하는 말에 대한 의식적 자각을 통해 그렇게 되었다. 데이브(Dave)의 이야기와 마찬가지로 원하는 삶이 창조되는 또 다른 예를 찾아볼 수 있다.

　지난 학기에 나는 큰 병에 걸렸다는 진단을 받았다. 의사는 내가 중병에 걸렸기 때문에 1년 정도 입원해야 한다고 했다. 대학 졸업도 미루어야 한다고 했다. 1년 동안은 예전처럼 일을 할 수 없을 것이며, 앞으로도 전과 같지 않을 것이라고 말했다. 많이 걸을 수 없을지도 모른다고 했다. 하지만 다른 사람의 말을 그대로 믿지 않고, 나의 생각을 믿고 내가 원하는 것을 선택해 이루도록 노력한다는 우리 ‘파이크 플레이스 피시’의 기본 생활철학이 나에게 큰 힘을 주었다. 이곳에서 배운 것을 토대로 나는 병에 대해 다르게 생각하기로 결심했다. 더 나은 결과를 만들기로 했다.
　말이 힘을 갖고 있다고 생각했으며 실제로 그렇게 되었다. 나 자신에게 말한 것을 그대로 경험하게 되었다. 실제로 믿고 모든 말에 가치를 부여하면 놀라운 일이 벌어진다. ‘파이크 플레이스 피시' 방식으로 돌파하기로 했다. 한 달 정도 있다가 병원을 나왔다. 6월에 졸업을 하고 시장에서 계속 일 하기로 했다. 의사의 말이 생각날 때면 이렇게 생각했다. "해야 할 것과 하지 말아야 할 것을 나에게 말하지 마시오. 당신이 뭔데 내 인생을 당신 마음대로 하려는 거요?"
병에 걸렸다는 말을 처음 들었을 때부터 이런 생각이 들었 다. 의사들은 다른 사람의 병을 진단한다. 하지만 우리는 운 명을 스스로 개척할 힘을 갖고 있다. 그런데 사람들은 왜 그 힘을 깨닫지 못하는 것일까? 원하는 대로 삶의 방향을 바꾸 고 나의 운명을 스스로 선택한 것은 정말로 놀라운 경험이 었다. 이때의 일로 나는 많은 것을 그렇게 할 수 있다고 깨 달았다.

모르는 사이에 우리는 스스로의 힘으로 현실을 만들어가고 있다. 그것을 인식하는 순간, 우리는 강력한 힘을 갖고 인생 을 살게 된다. 학교, 직장, 다른 모든 것을 나의 선택에 따라 잘 할 수도 있고 엉망으로 만들 수도 있다. 좋은 쪽을 선택하 여 그렇게 만든다면 더욱 흥미진진할 것이다.

데이브

생선장수들은 어떤 것에 대한 생각을 바꾸면 다른 사람과의 대화 역시 바뀐다고 믿는다. 그들의 대화가 실제로 바뀌었는지, 아니면 단지 상대방의 말을 끝까지 잘 듣게 되었을 뿐인지는 알 수 없다. 어쨌든 생선장수들은 새로운 어떤 것, 새로운 기회와 새로운 가능성을 창조하는 힘이 자기에게 있다는 사실을 깨달았다. 바이슨(Bison)은 자기 경험을 이렇게 설명했다.

잠시 다른 곳에서 일하다가 다시 '파이크 플레이스 피시'로 돌아왔을 때 나는 사람들이 내가 과거의 모습 그대로일 것이라고 생각한다고 여겼다. 내가 실수하기를 기다린다고 생각했다. 원래 내가 그랬다. 일을 엉망으로 망쳐놓곤 했다. 베어가 나에게 연어를 던질 때면 이렇게 생각했다. "이 고기를 내가 떨어뜨릴 것이라고 생각하고 있을 거야, 이 친구가." 어느 날 앤더스에게 그런 말을 했다. 그러자 그가 말했다. "무슨 소리야? 생각하는 대로 보이는 거야. 우리는 여기에서 일해, 다른 곳과 달라."

그날 이후 나는 나의 생각을 살펴보기 시작했다. 그리고 나에 대한 다른 사람의 생각이 바뀌었다는 점을 인정했다(acknowledged). 엄청난 발견이었다.

있는 그대로 보지 못하고 선입견을 갖고 살았던 것이다. 힘

든 일은 모두 나만 한다고 느꼈다. 나에게만 그런 일이 벌어
진다고 생각했다. 내 생각을 분명하게 이해하기가 힘들었
다. 하지만 나 자신이 그것을 바꿀 수 있다고 생각하자 모든
것이 달라졌다. 나는 과거의 내가 아니며 다른 사람들도 나
를 과거의 나로 생각하지 않는다는 사실을 알게 되었다. 결
론은 이렇다. 현재의 나와 직장과 가정에서 내가 하고 있는
일을 즐기지 못하고 있다면 먼저 생각을 바꾸어야 한다.

자기 생각을 인식하게 되면 자기 존재 자체가 실질적으로 변
한다. 바이슨의 변화는 자기 생각에 책임감을 가져야 한다는 점
을 깨달은 결과이다. 바이슨의 이야기에서 '인정(acknowledge-
ment)' 이라는 단어가 나온다. 이 단어는 격주로 열리는 회의 말
미에 생선장수들이 다른 사람의 특별한 점이나 공로를 인정하
고 칭찬하는 기회를 가질 때 주로 사용하는 표현이다. 모든 생
선장수는 다른 동료의 인정을 받을 자격이 있다. 남의 말을 잘
듣거나, 다른 사람을 지도했거나, 지도를 받았거나 함께 즐겁게
일했을 때 그런 인정을 받는다. 회의를 이런 식으로 끝낸다. 강
력한 힘을 발휘하는 마무리 방법이다. 다음 날을 보다 활기차게
시작하는데 큰 도움이 된다.

인정(acknowledgement)은 나의 삶에서 큰 차이를 만들어냈다. 다른 사람이 누군가를 인정할 때면 이렇게 생각한다. '내가 먼저 그렇게 해야 했는데.' 나 자신의 개인적인 도전 과제로 생각한다. 또한 인정은 나 자신을 되돌아보고 발전시키는데 도움이 되었다. 전에는 주로 일방적으로 말하고 명령하는 편이었다. 이렇게 말하고는 했다. "이 일을 해."

이제는 질문하고 어떻게 해야 하는지 보여 준다. 목표를 보다 분명하게 정하고 다른 사람을 가르친다. 이제는 우리 모두가 더 발전할 수 있도록 행동한다. 예를 들어 매트에게 5:30까지 바구니를 모두 치워야 한다고 말하면서 그가 더 빨리 끝낼 수 있는 다른 방법을 설명하지 않는다면 그를 진짜로 도와 주는 것이 아니다. 건설적으로 생각하고 다른 사람의 인정을 받게 되면 일을 더 열심히 한다.

바이슨

말에 대한 또 다른 생각

　　　　　　마지막 세 사람의 이야기는 자기 자신이나 다른 사람과의 대화에서 사용하는 말과 자기 생각이 우리의 삶을 실제로 어떻게 만들어 가는지 잘 보여 준다. 자기 생각과 말이 다른 사람에게 큰 영향을 준다는 사실을 깨달아야 한다. 이런 인식이 커질수록 우리는 더욱 유연하게 생각을 바꿀 수 있고 다른 사람의 말을 잘 듣게 된다. 생각을 바꾸면 행동이 달라진다. 언제든지 그렇게 할 선택권이 우리에게 있다.

현재 내가 살고 있는 이곳이 마음에 들지 않으면 언제든지 떠날 수 있다. 그렇게 선택할 수 있다. 모든 것을 선택할 수 있다. 생각을 바꾸고 다른 식으로 바라보면 나 자신을 제대로 이해하고 더 신속하게 변화를 주기가 쉬워진다. 사물에 대한 생각을 깨닫기 시작하면 남의 말을 잘 듣는 것, 누군가가 말하는 모든 것을 진심으로 잘 듣는다는 것이 무슨 의미인지 이해할 수 있다. 바로 그것이다. 다른 사람의 말을 정말로 잘 듣게 된다면 다른 쓸데없는 생각을 하지 않는다. 정말로 큰 힘을 발휘한다.

열린 마음 자세를 갖는 것이 생각과 듣기에서 가장 중요한 부분이다. 마음을 열고 있는 사람이 그리 많지 않다. 사람들

은 자신만의 상자에 갇혀 살고 있으며, 다른 사람이 이끌어
주기를 바란다. 나 역시 그랬다. 하지만 나 자신이 나를 이
끌 수 있으며 그래야 한다는 사실을 깨닫기 시작했다. 이제
는 다른 사람들도 그것을 깨닫도록 하고 있다. 다른 사람과
의 의사소통에서 사용하는 말과 자기 생각의 힘을 깨달아야
한다.

Andy **앤디**

생각과 말을 바꾸면 예전에는 깨닫지 못했던 선택을 할 수
있다. 원하는 삶을 선택할 완벽한 기회가 바로 앞에 놓여 있다.
누군가가 원하는 그런 삶이 아니다. 그 사실을 일단 깨달으면
그 어떤 것도 여러분을 멈추게 할 수 없다. 바로 자기 자신만이
그렇게 할 수 있다. 에릭(Erik)은 머리 속에 두 마리의 개가 있
다는 멋진 비유를 들어 말과 생각의 힘을 설명한다.

즐겁게 살겠다고 선택하기가 항상 쉬운 것은 아니다. 살다
보면 많은 일이 벌어지며, 때로는 아주 신중하게 선택해야
할 때도 있다. 눈앞의 것들을 보면서 머리 속에서는 수많은
생각이 끊임없이 오간다. 나 자신이 나의 생각을 결정한다.

부정적인 생각에 안주하기로 선택한다면 실제로 부정적인 경험을 하게 된다. 모두 나에게 달려 있다.

내 머리 속에는 두 마리의 개가 있다. 하나는 긍정적인 사고를 하고, 다른 하나는 부정적인 사고를 한다. 그 둘은 머리 속에서 항상 싸운다. 그리고 이긴 놈이 내가 주는 먹이를 모두 차지한다.

한번 미소를 지으면서 잠시 멈추어 삶이 힘들지 않다고 생각한다. 화가 났을 때는 무엇이 나를 화나게 하는지 자신에게 물으면서 생각을 정리한다. 나 자신의 생각이 바로 그렇게 한다는 사실을 깨닫는다. 나의 생각이 나의 모든 행동에 영향을 주도록 선택할 수 있다. 아니면 잽싸게 스위치를 돌려, 나는 멋진 삶을 살고 있다고 말할 수도 있다. 행복을 선택하지 않을 이유가 무엇인가? 화를 내기로 선택하는 이유는 무엇인가? 저 친구가 거기에 있다거나 그 일이 싫다는 이유로 일하기 싫다고 말하기로 선택하는 이유는 무엇인가? 다른 어느 누가 당신을 화나게 만들지 않는다. 오직 자신만이 그렇게 만든다. 그리고 자신을 행복하게 만들 수 있는 것도 바로 자기 자신이다.

에릭

제이슨(Jaison)이 들려준 이야기도 생각의 힘을 잘 보여 준다. 생각을 어떻게 하느냐에 따라 다른 결과를 얻게 된다. 사고를 당한 요리(Yori)를 위해 추진했던 자선 공연의 운명도 생각에 따라 완전히 달라질 수 있었다. 요리는 예전에 이곳에서 일한 적이 있다.

자기 생각을 의식하게 되면 놀라운 일이 일어난다. 우리 세버헤드 밴드와 마이클의 월드세븐 밴드가 요리를 위해 자선 공연을 하기로 한 적이 있었다. 요리가 사고를 당하자 우리는 요리를 위해 뜻있는 일을 하기로 했다. 또한 모든 사람이 함께 하는 시간이 되기를 원했다.

일을 진행했다. 하지만 지금까지 우리는 클럽에서 공연한 적이 없었다. 쇼박스에서의 공연을 생각했다. 그곳은 시애틀 최고의 클럽이다. 유명 밴드들이 모두 그곳에서 콘서트를 가졌다.

못할 것도 없다고 생각했다. 자니(Johnny)에게서 그렇게 배웠다. 그런 식의 생각을 좋아한다. 앞에 놓인 쓸데없는 장애물을 걱정하지 않기 때문이다. 때가 되면 모두 치워버리고 원하는 것을 달성할 수 있다. 앞길에 어떤 장애물이 나타나더라도 나의 의지로 충분히 극복할 수 있다고 생각한다.

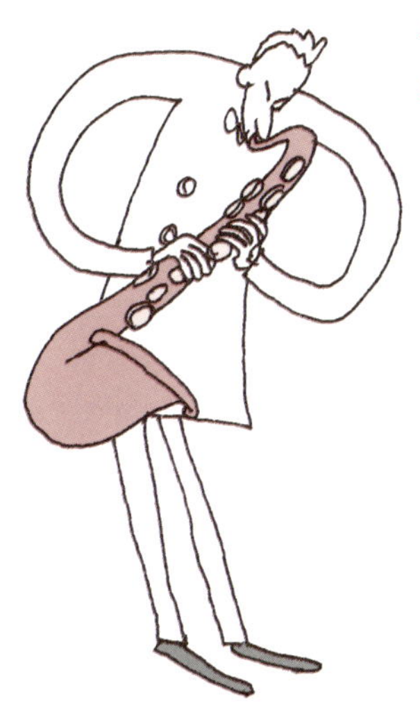

요리를 위해 자선 공연을 가질 것이라고 말했다. 그리고 덧붙였다. "쇼박스에서 한다." 그러자 사람들이 말했다. "쇼박스? 불가능해!" 한 친구가 말했다. "그거 재미있겠다." 또 다른 친구는 이렇게 말했다. "절대 불가능해. 우리는 그런 큰 무대에서 공연할 준비가 되어 있지 않아." 불과 1개월 밖에 남지 않았다.

공연에 대한 생각을 달리하면서 모든 장애물이 치워지기 시작했다. 우리는 티켓 2백장을 만들어 팔았다. 우리 엄마도 도움을 주었다. 그때 누군가가 말했다. "20달러면 너무 비싸지 않을까? 10달러면 적당할 것 같은데." 내가 말했다. "요리를 위한 자선 공연이다. 우리가 돈을 벌려고 하는 것이 아니야. 모든 수익금은 요리를 돕는데 쓸 거야."

일단 어떤 일을 하겠다는 결심을 하자 많은 생각들이 쏟아지기 시작했다. 부정적인 생각은 상황을 나쁜 쪽으로 몰아간다. 그렇게 되지 않으리라 확신했다. 그래서 친구들에게 말했다. "부정적인 생각 때문에 일을 망치지 않도록 하자. 우리를 위한 것이 아니다. 모두 요리를 위한 것이야. 요리는 우리의 도움을 필요로 해."

그 다음에는 모두들 즐겁게 공연 준비를 했다. 우리의 쇼를 보여 준다기보다는 누군가를 돕는다는 생각으로 즐겁게 생각하고 준비했다. 생각을 바꾸면서 우리는 모두 보다 더 큰 어떤 것의 일부가 되었다.

모두들 활기가 넘쳤다. 처음에는 반대했던 기타 연주자가 표를 가장 많이 팔았다. 굉장한 콘서트였다. 모든 것이 완벽하게 진행되었다. 생각을 바꾸지 않았다면 불가능했을 것이다. 처음부터 하기 싫었을 지도 모른다. 공연이 끝난 뒤에 이런 생각이 들었다. "와! 우리도 쇼박스에서 공연을 했어!" 나

로서도 생각을 바꾸면 어떤 삶을 살게 되는지 직접 체험할

수 있는 소중한 기회였다.

Jaison 제이슨

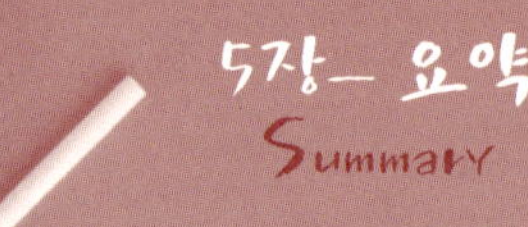

- 말과 행동은 자기 생각을 반영한다.

- 말은 다른 사람과의 관계에서 강력한 힘을 발휘하는 도구이다.

- 생각을 바꾸면 다른 삶을 경험하게 된다.

6 문제는 좋은 것이다

문제는 새로운 기회이다.

'파이크 플레이스 피시'의 생선장수들은 문제, 대립, 또는 차이를 좋은 것이라고 생각한다. 창조적 대립과 문제는 학습과 성장, 변화의 기회를 제공한다. '파이크 플레이스 피시'라고 대립이 전혀 없는 것은 아니다. 매일 그런 상황이 벌어진다. 다른 곳과 똑 같다. 하지만 대처 방식이 다르다.

'파이크 플레이스 피시'의 생선장수들은 다른 동료들이 위대함을 실현할 수 있도록 적극적으로 돕는다. 어느 누군가가 당신의 성공을 위해 모든 노력을 아끼지 않는다면 어떻게 될지 한번 상상해보라. 어떻게 달라질까? 또한 당신이 다른 사람의 성공을 진심으로 바라며 기꺼이 도움이 되어주고자 한다는 사실을 주위의 모든 사람이 알고 있다면 어떻게 될까?

문제가 발생하면 생선장수들은 공개적으로 그 문제를 해결한다. 이 과정을 통해 문제를 해결하기도 하고, 어떤 상황을 효과적으로 헤쳐 나가기도 한다. 생선장수들이 문제점을 서로 이야기하고 해결하기 위해 활용하는 한 가지 방법이 코치(coach)이다. 서로의 발전을 격려하고 지원하는 마음자세를 확고히 한 그들이 코치할 때의 말과 어투도 다르다. 또한 정보를 전달하는 방법도 다르다. 코치를 하고 문제를 해결하는 과정에서 생선장수들은 각자가 한 개인으로 존재하는 것이 아니라 집단적으로 더 큰 어떤 것의 일부라는 사실을 깨닫는다. 이런 과정을 통해 그들은 개인적 목표와 '파이크 플레이스 피시'의 목표 모두를 달성하기 위한 길을 함께 간다.

문제 해결과 코치는 자연스러운 것이다. 문제가 있으면 서슴없이 말하고, 나 자신도 다른 사람의 코치를 받는다. 우리는 그렇게 한다. 모든 것을 공개적으로 다룬다. 가만히 앉아서 기다리기만 하면 아무 것도 이루어지지 않는다. 힘만 낭비할 뿐이다. 문제를 말하지 않으면 관계 자체도 힘을 잃는다. 당신의 친구나 동료가 당신을 찾지 않고 다른 곳에서 도움을 구한다면 그 사람과의 관계에서 당신은 이미 의미가 없는 존재가 된다. 다른 곳에 있지 않다. 바로 여기에 모든 것이 있다. 그러므로 어떤 것이 생각나면 바로 밖으로 분출시켜야 한다. 지금 당장!

앤더스

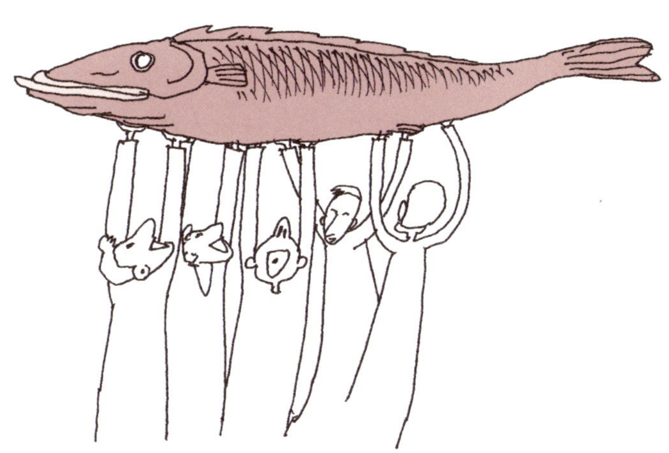

"…코치를 하고 문제를 해결하는 과정에서 생선장수들은 각자가 한 개인으로 존재하는 것이 아니라 집단적으로 더 큰 어떤 것의 일부라는 사실을 깨닫는다…."

문제를 기회로 전환시키기 위한 첫 번째 단계는 무엇이 문제인지 말하는 것이다. 생선장수들은 문제를 공개적으로 말하며, 다음에 그 문제에서 새로운 기회를 찾는다. 문제를 말하는 것 이외에 잘 듣는 것도 문제 해결과 코치 과정에서 중요한 부분이다. 생선장수들은 다른 사람이 말하는 것을 있는 그대로 듣는 것이 '듣기(listening)'라고 생각한다. 상대방이 말할 때 대응할 말을 생각하며 준비하지 않고 있는 그대로 듣는 것이다. 코치를 받을 때도 자기 생각은 접어 두고 열린 자세로 잘 듣는다.

다른 생각을 하지 않고 잘 들으면 손님을 상대할 때나 다른 사람과 이야기를 나눌 때, 아니면 코치를 할 때 정신적인 준비 자세가 갖추어진다. 상대의 말을 들을 때는 자기 생각을 멈춘다. 말을 하는 사람만이 유일하게 존재하며 그 말을 그대로 듣는다.

다른 사람과 대화를 하면서 상대방의 말을 그대로 들으면 진정한 인간관계가 형성된다. 생선장수들은 다른 사람과의 인간관계 수립에서 전문가가 되었다. 저스틴(Justin)이 들려주는 다음 이야기에서 문제를 대하는 자세와 그 문제를 이야기하는 방법, 그리고 어떤 일이 벌어졌을 때 어떻게 책임지는 모습을 보이는지 살펴보도록 하자.

내가 한 말은 지켜야 한다는 생각이 나를 괴롭히는 주범이다. 예를 들어 길이 막혀 지각할 것 같은 상황이 되었을 때, 길이 막힌다는 사실 때문에 화가 나지는 않는다. 그보다는 제 시간에 출근해 일을 해야 하는데 그럴 수 없다는 사실이 나를 화나게 만든다. 지각하지 않겠다는 나의 의지가 실현되지 못하기 때문이다. '파이크 플레이스 피시'에서 일하며 깨달은 중요한 교훈 가운데 하나는 이것이다. 나를 화나게 만드는 것이 구체적으로 무엇인지 파악하는 것이다. 나를 미치게 만드는 요인은 다른 곳에 있지 않다. 바로 나 자신에게 있다.

어느 날 버기(Bugge)와 나는 의사소통에 문제가 있었다. 하루 일과가 거의 끝날 무렵이었다. 일을 마친 다음에 버기에게 다가가 잠시 할 이야기가 있다고 말했다. 얼마 전에 그와 나누었던 대화에 문제가 있는 것 같다고 말했다. 내가 그를 존중하지 않는 것처럼 오해했을 것 같다고 말했다. 다시 생각해보니 내 뜻이 제대로 전달되지 않은 것 같다고 말했다. 그래서 그에게 내 진심을 말했다. 나는 그를 진정으로 존중하며, 우리는 진짜 친구 사이라고 말했다. 나는 친구를 무시하지 않는다고 덧붙였다. 그 대화를 통해 모든 것이 해결되었다. 다른 곳에 문제가 있었던 것이 아니다. 다른 누군가의 잘못이 아니었다. 모든 것은 항상 여기에 있다. 다른 사람들도 이 점을 제대로 이해했으면 좋겠다.

저스틴

논쟁이나 토론 같은 형식으로 이루어지는 창조적 대립은 문제가 발생하지 않도록 예방하는 기회를 제공할 수 있다. 단순히 눈앞의 문제를 해결하기보다는 한 걸음 더 나아가 문제를 기회로 활용해야 한다. 획기적인 결과를 얻으려면 먼저 문제나 대립을 적극적으로 받아들여야 한다.

자기 생각에만 사로잡히면 문제나 대립이 발생한다. 얼굴에 그대로 나타나기 때문에 쉽게 알아볼 수 있다. 말투에서도 그대로 드러난다. 화가 난 사람은 몇 마디 말에서도 그 감정을 그대로 보여 준다. 정말로 화가 난 사람은 완벽하게 투명한 상태가 된다. 변화와 발전의 완벽한 기회가 바로 여기에 있다. 그러나 놀랍게도 우리는 화가 난 사람을 보더라도 그냥 내버려 둔다. 하던 일만 한다. 그 사람이 화가 나 있지 않은 것처럼 행동한다. 문제의 원인이 어디에 있든지 긍정적인 결과를 만들어낼 기회는 항상 존재한다.

생선장수들은 문제와 대립도 생각의 결과라고 본다. 사람들은 흔히 이런 식으로 생각한다. '나에게 문제가 있는 것이 아니다. 다른 곳에 원인이 있다.' 또한 누군가가 책임을 지지 않으려 할 때 대립이 발생한다. 다른 사람을 비난하면 문제가 생긴다. 디키(Dicky)는 자기 생각에 대한 책임을 받아들이면서 그의 삶이 어떻게 바뀌었는지 들려주었다.

가족이나 조직의 어느 누군가와 문제가 생기면 내가 무슨 말을 하고 있는지 잘 들어야 한다. 그 사람에 대한 내 생각을 잘 들어야 한다. 그 사람에 대해 가졌던 모든 생각을 일단 털어놓고 어떤 두 사람이 서로에 대한 자기 생각을 솔직하게 말하면 돌파구를 마련할 수 있다. 새로운 기회를 만들 수 있는 것이다.

어떤 생각을 갖고 있는지 서로 말하면 상황이 더 악화될 수도 있다는 점을 잘 알고 있다. 하지만 어떤 사람에 대한 내 생각을 솔직하게 말하면 나 자신의 생각을 바꿀 기회가 생기기도 한다. 그 사람에 대한 내 생각을 바꾸면 그 사람과의 관계도 변화시킬 수 있다.

누군가에 대한 내 생각을 바꾸었는데도 그 사람이 여전히 나에 대해 좋지 않은 생각을 하고 있다면 나 자신이 전에 가졌던 생각에서 벗어나지 못하고 있는 것이다. 나로서는 이

부분이 가장 중요한 열쇠 가운데 하나라고 생각한다. 나의 생각에 책임을 지는 것이다. 누군가와 좋은 관계를 맺고자 한다면 그 사람에 대한 나의 생각에 책임을 져야 한다. 그렇지 않으면 많은 사람을 떠나보내야 할 것이다. 자기 생각에 대한 책임을 수용하기란 쉽지 않다. 마지막까지 수용하지 않는 사람도 있다.

디키

정신적으로나 육체적으로 변하지 않는 사람은 없다. '파이크 플레이스 피시'에서 매니저로 있는 디키는 자신의 부정적인 생각을 인정하고 긍정적인 것으로 바꿀 수 있어야 한다고 강조한다. 현실에 대해 책임지는 자세는 위대함으로 향하는 길이다. 이 원칙이 실제로 힘을 발휘하려면 위에서부터 시작되어야 한다. 최고 경영자가 그렇게 하지 않으면 다른 사람도 바뀌지 않는다. 또한 조직에 속한 모든 사람이 경영자를 일깨울 책임이 있다.

문제를 기회로 전환시키는 효과적인 방법이 '코치'이지만 그럴 여유가 항상 있는 것은 아니다. 다른 사람의 코치를 받을 수 없는 상황이라면 생선장수들은 목표가 무엇인지 다시 생각한다. 스스로에게 묻는다. 목표를 생각하며 그에 걸맞게 살고 있는지 묻는다. 자기 목표를 인식하면 생각을 바꿀 기회가 생긴다. 그 순간에 새로운 기회의 문이 열린다.

많은 문제가 회의를 통해 해결된다. 대립과 문제를 공개적으로 논의하고 해결하는 환경을 제공하기 때문이다. 회의에 참석한 모든 사람은 직접적인 연관성이 없어도 문제 해결 과정을 통해 많은 것을 배운다. 다른 사람의 생각을 듣고 어떻게 도움을 얻어 해결하는지 지켜보고 새로운 생각으로 거듭나는 과정에 함께 한다. 이 과정은 당사자뿐만 아니라 다른 모든 사람에게도 큰 도움이 된다.

새미(Sammy)의 다음 이야기는 제레미(Jeremy)와의 사이에 있었던 대립에 대한 것이다. 동료와의 대립 상황을 슬기롭게 해결하는 것이 '파이크 플레이스 피시'를 강력한 팀으로 만들고 사람들에게도 큰 영향을 주게 만든 요소 가운데 하나라는 점을 새미는 깊이 깨달았다. 새미와 제레미는 서로에 대한 나쁜 감정을 떨쳐버리고 서로의 성공을 위해 노력하는 진정한 관계를 만들기 시작했다.

제레미와 일하다 보면 화날 때가 많았다. 처음에는 그저 무시했다. 그를 가르칠 생각도 없었다. 그저 소리를 질러댔으

며, 다른 사람에게 제레미에 대해 나쁜 말을 하며 나 자신을
정당화시키기도 했다. 그가 새로운 것을 배우고 한 팀이 될
수 있는 기회도 주지 않았다. 우리 사이의 불화가 계속되었
다. 짐(Jim)과 자니(Johnny)가 나서서 제레미를 어떻게 코치하
면 좋은지 알려 주고는 했다. 회의 시간에도 우리 문제를 갖
고 시간 낭비를 하고는 했다. 그런 어느 날 자니가 말했다.

"제레미가 자신 있게 일을 하도록 도와줄 필요가 있어." 나도 고집이 있어 이렇게 말했다. "그가 제대로 일을 할 것 같아? 그 친구에게 몇 번이나 말했는지 알아?" 매일 이렇게 해라, 저렇게 해라고 말했다. 그저 제레미를 무시하고 있었던 것이다.

자니는 계속해서 제레미를 어떻게 가르쳐야 하는지 이야기했다. 제레미를 대하는 나의 방식이 효과가 없다고 말했다. 또한 그는 제레미에게도 말했다. 우리는 문제를 해결하지 못했다. 그런 어느 날 회의에서 자니가 제레미에게 말했다. "새미와 좋은 관계를 만들고 그의 말을 제대로 따라 하지 못하는 이유가 무엇이라고 생각하니?"

그러자 제레미가 불만을 쏟아내기 시작했다. 그의 말을 듣고 있자니 더 화가 났다. 하지만 다른 사람들이 나보고 아무 말도 하지 말라고 했다. 제레미가 말을 마칠 때까지 아무 말도 하지 말고 가만히 있으라고 했다. 제레미는 정말로 화가 나 있었다. 그래서 나는 가만히 앉아 그의 말을 들었다. 계속 화가 치밀었다. 통제할 수 없을 지경이었다.

다음에 내 차례가 되었다. "이 친구는 이런 점이 문제고, 저런 점도 문제고……." 제레미와 내가 각자의 생각을 모두 쏟아냈다. 갑자기 내가 너무나 어리석다는 생각이 들었다. 내가 말을 마치자 짐이 말했다. "이봐, 샘, 제레미가 적응할 수 있도록 도와주어야 하지 않겠나?" 제레미도 내가 그렇게 할 수 있도록 마음을 열고 나를 받아들이는 것 같았다. 다음 날부터 우리의 관계는 새롭게 시작되었다. 그냥 그렇게 되었다. 이상하게 들리겠지만 정말로 그냥 그렇게 되었다. 나 자신도 믿을 수가 없었다.

내가 그에게 어떻게 하라고 가르치면 되받아 치지 않겠다고 제레미가 약속했다. 그리고 그가 이미 한 일을 하라고 내가 말하면 그때는 제레미가 나보고 입 닥치고 가만히 있으라는 말을 해도 좋다고 했다(웃음).

아주 바쁠 때는 내가 제레미에게 소리치는 것처럼 들릴 때도 있겠지만 바쁘기 때문에 그런 것이지 개인적인 감정이 있어서 목소리를 높이는 것이 아니라는 점을 서로 이해하기로 했다. 잘못된 점을 고쳐주고 새로운 것을 가르치는 방법에 대해서도 몇 가지 정했다. 그날 밤 회의에서 우리는 화해했다. 우리는 규칙을 너무 많이 만들지 않기로 합의했다. 그저 한 사람에 하나씩 정하기로 했다. 그 자리에서 그렇게 했다.

새미

게다가 회의에서 모든 사람이 제레미와 새미가 새로운 관계를 시작하도록 도움을 주기로 했다. 그러므로 이제는 다른 사람에게 가서 자기 생각을 말하고 자기편이 되어 달라고 말할 수 없게 되었다. 새미는 제레미와 관계를 새롭게 한 것이 굉장한 성과였음을 깨달았다. 이후에도 동료와 좋지 않은 문제를 이야기한 사람들이 많았으며, 심지어는 어떻게 해볼 수도 없는 지경까지 끌고 간 경우도 많이 보았기 때문이다. 그렇게 되면 서로 좋지 않은 감정을 갖고 그만 둘 때까지 함께 일하게 된다. 비참한 일이다.

자기만 옳다고 생각하며 누군가에 대해 나쁜 생각만 하느라 정신 에너지를 낭비하면 위대함을 추구할 기회의 문은 절대 열리지 않는다. 문제를 똑바로 보고 어떤 종류의 관계가 가능한지 살펴보지 못하기 때문이다. 그와 같은 문제를 해결할 수 있다면 우리는 큰 영향력을 발휘하게 된다. 굉장한 일이다.

갈고리에서 얼마나 빨리 벗어날 수 있는가?

갈고리에 걸리면 앞으로 전진하지 못한다. '갈고리에서 얼마나 빨리 벗어날 수 있는가?'는 생선장수들이 대립상황을 얼마나 빨리 극복하는지, 어떤 것에 대한 불만과 화를 얼마나 빨리 해소하는지를 의미한다. 때로는 스스로의 힘으로 갈고리에서 벗어나기도 한다. 하지만 다른 사람과 관계된 경우에는 일반적으로 그 문제를 당사자와 이야기하면서 해결할 필요가 있다. 제이슨의 이야기는 갈고리에서 벗어나는 순간에 다른 사람과 새로운 관계를 형성하는 기회가 어떻게 열리는지 잘 보여 준다. 전에는 상상도 하지 못했던 관계가 만들어진다. 갈고리에서 더 빨리 벗어날수록 새로운 기회를 자기 것으로 만들기가 훨씬 빨라진다.

갈고리에서 어떻게 벗어나느냐고? 나 같은 경우에는 대화가 가장 좋은 방법이다. 예를 들어 어제는 비번인데도 모든 약속을 취소하고 일해야 했기 때문에 정말로 화가 났다. 좋지 않은 기분으로 하루를 시작했다. 그런 부정적인 생각에서 빨리 벗어나야 했다. 때로는 내 생각을 통제하지 않고 내키는 대로 행동하는 경우가 있다. 나에게 그런 점이 있다는 사실을 잘 알고 있기 때문에 갈고리에서 벗어나 본 궤도로

빨리 돌아오는 가장 좋은 방법은 손님이나 어느 누구와 대화를 나누는 것이라는 점도 잘 알고 있다. 사람들과 대화를 나누며 시간을 보낼 때는 화를 낼 수가 없기 때문이다.

숨을 깊이 들이마신다. 나 자신에 얽매이지 않고 다른 것을 생각한다. 누군가에게 인사를 하는 간단한 것에서 시작될 수도 있다. 다음에는 그냥 날려버린다. 하지만 화가 나있거나 기분 나쁘다는 사실을 거부하면 그 상태가 그대로 유지된다.

제이슨

생선장수들은 평범함에서 위대함으로 자신을 변화시키는 방법을 배웠다. 그렇게 하기 위해서 그들은 '바로 여기에 모든 것이 있다'는 점을 먼저 이해했다. 그리고 자기 목표를 깨달았다. 자기 목표를 인식하는 것만으로도 갈고리에서 재빨리 벗어날 수 있다. '파이크 플레이스 피시'의 문화는 대립과 문제를 숨기지 않는다. 대립과 문제를 해결하는 과정에서 새로운 기회가 생기기 때문이다. 생선장수들은 스스로의 힘으로 문제나 대립 상황을 어떻게 해결하는지 배웠다. 그러므로 전반적으로 문제를 대하는 자세가 아주 긍정적이다. 문제가 클수록 기회도 크다.

갈고리에서 신속하게 벗어날 수 있는 기술도 연습을 통해 익히고 발전시킬 수 있다. 다행스럽게도 연습할 기회는 많이 있다. 한번은 회의를 하다가 세계적으로 유명한 곳으로서 '파이크 플레이스 피시'의 모습에 대한 이야기를 나눈 적이 있었다. 그러다가 월간 매출목표 달성을 주제로 이야기가 흘러갔다.

가벼운 대화에서 시작되었다. 하지만 버기(Bugge)는 이 대화가 자기에게 어떤 큰 책임을 떠넘기기 위한 것이라는 생각을 하기 시작했다. 버기가 그런 생각을 하고 있는지 아무도 눈치채지 못했다. 그의 이름이 구체적으로 언급되지 않았지만 모두들 자기가 책임지기를 원한다고 생각했다. 그러면서 예상치 못한 반응을 보였다. 책임을 맡지 않으려는 방어적 입장을 취했다. 그는 흥분했으며 목소리가 커지고 사용하는 단어도 거칠어졌다. 그 순간을 이상하게 생각한 자니가 버기에게 속마음을 털어놓으라고 했다. 그는 매출목표에 대한 이야기를 중단시키고 문제가 있는 것 같다고 말했다. 모든 사람에게 버기가 갈고리에 걸렸다고 말하면서 갈고리에서 벗어날 수 있도록 하겠다고 선포했다. 그리고는 버기의 문제를 해결하기 시작했다. 우선 자신의 도움을 받아 문제를 해결하고 싶으냐고 버기에게 물었고 버기는 좋다고 대답했다. 자니가 다시 물었다. 훌륭한 매니저가 되고 싶으냐고 물었다. 그 질문에도 버기는 그렇다고 대답했다. 그러자 자니가 말했다. "그렇다면 훌륭한 매니저에 어울리는 말과 행동을 했다고 생각하는가?"

버기는 자니의 말을 이해했다. 모든 사람의 눈앞에서 버기는 변하기 시작했다. 그 한 마디는 버기가 어떤 사람인지 보여 주었다. 버기는 자신이 원하는 매니저의 모습과 현재의 자신을 비교해 볼 수 있었다. 행동이 변했으며 목소리가 부드러워졌다. 심지어 미소도 지었다. 그는 갈고리에 걸렸고 자니가 제시한 목표에 책임을 지지 않으려 했다. 이제 버기는 새롭게 바뀌었다. 갈고리에 걸릴 때와 마찬가지로 재빨리 갈고리에서 벗어났다.

이때의 대화를 통해 얻은 가장 큰 성과는 회의에 함께 했던 모든 사람이 그러한 변화를 생생하게 목격하고 새로운 것을 배웠다는 점이다. 다른 생선장수들도 각자의 생각에 빠져 방어적인 입장을 취하고 있었다. 모두들 말은 하지 않았지만 매출목표 달성에 거부감을 가지고 있었다. 그런 상황에서 가장 민감하게 반응을 보인 버기의 문제를 해결했기 때문에 다른 생선장수들도 작은 틀을 깨고 나와 큰 틀에서 생각하는 소중한 기회가 되었다. 그리고 '파이크 플레이스 피시'의 비전을 달성하는 데 힘을 합칠 수 있게 되었다. 그 순간에 '세계적으로 유명한'의 개념이 모두의 가슴에 분명하게 자리 잡았다.

문제는 새로운 기회일 수 있다. 하지만 언제 그렇게 될 수 있는지는 아무도 자신 있게 말할 수 없다. 어떤 변화가 있었는지 굳이 물어야만 한다면 변화가 일어나지 않았을 가능성이 크다. 전등 스위치를 켜는 것과 같다. 변화는 극적으로 일어난다. 아무리 사소한 것이라도 그렇다. 누군가가 변한다면 그 순간을 쉽게 알아차릴 수 있다.

문제 : 미래를 향한 문

여러 이야기를 통해 문제와 대립이 변화의 기회로 이어질 수 있음을 살펴보았다. 하지만 새로운 기회가 어떻게 나타날지 아무도 모른다. 기회는 예상할 수 없고 기대할 수 없다. 자연발생적인 것이다. 하지만 사고나 우연과는 다르다. 기회는 자연발생적인 현상이다. 문제를 기회로 전환시키기 위해 어떻게 해야 하는지 정확히 아는 사람은 없다. 디키(Dicky)의 이야기에 기회의 자연 발생성(spontaneity)이 잘 나타나 있다.

'파이크 플레이스 피시' 에서 매니저로 일하다 보면, 많이 듣고 많이 지도하게 된다. 대립이나 문제가 수시로 발생하기 때문이다. '파이크 플레이스 피시' 의 비전을 실천하려면 열심히 일해야 한다. 남의 말을 듣는 것도 쉬운 일은 아니다. 아무 편견 없이 들어야 한다. 부정적인 생각에 대해 그 어떤 선입견도 갖지 말아야 한다. 나만 옳다고 생각해서도 안 된다. 누구나 화를 낼 때가 있다. 사람이면 어쩔 수 없는 일이다. 내가 화를 내면 자니가 도움을 준다. 내 인생에 대한 책임감을 일깨워준다.

나는 모든 사람이 평범함을 벗어나 위대함을 실현하도록 최선을 다한다. 우리는 회의에서 많은 이야기를 나눈다. 회의를 시작할 때면 누군가의 문제부터 이야기한다. 때로는 오래 걸리는 사람도 있다. 우리는 항상 코치에 대해 이야기하며, 다른 사람의 코치를 받도록 마음의 문을 열게 한다. 코치를 받을 자세가 되어 있지 않으면 어떻게 할 도리가 없다. 벽에 대고 이야기를 하는 것과 같다. 코치를 받을 자세가 되어 있어야 한다. 그렇지 않으면 효과가 없다. 어쨌든 여기에서 일하는 모든 친구들이 최고가 되도록 돕는 것이 내가 해야 할 일이다.

누군가에게 문제가 있으면 얼굴만 봐도 금방 알 수 있다. 들기와 코치 기술로 문제를 해결하도록 돕는다. 문제에서 무한히 많은 기회가 생긴다. 나는 그저 들으면서 그들이 문제의 원인을 찾도록 돕는다.

그들이 털어놓는 이야기에서 문제의 핵심이 무엇인지 알 수 있다. 일반적으로 문제는 여러 층으로 구성되어 있다. 나는 사람들이 문제의 뿌리를 찾도록 돕는다. 때로는 원인을 찾지 못하는 경우도 있다. 현재가 아니라 과거에서 뿌리를 찾아야 하는 수도 있다. 마음에만 존재한다. 하지만 과거부터 그런 생각을 갖고 있었는지도 인식하지 못한다. 하지만 그들을 화나게 만드는 특별한 것이 지금 존재한다. 일종의 방아쇠라 할 수 있다. 방아쇠가 당겨지면 화가 나는 것이다. 매니저로서 나의 역할은 바로 이것이다. 모든 문제를 잘 듣고 그들이 내부에서 원인을 발견하도록 돕는다. 그리하여 위대함을 추구하도록 한다.

디키

문제를 기회로 전환시키는 마법의 묘약은 없다. 하지만 흥미로운 점은, 기회는 실제로 새로운 관점을 갖고 새로운 삶을 체험할 수 있게 한다. 새로운 관점을 갖는 한 가지 방법은 과거의 구속을 벗어버리는 것이다. 생선장수들은 과거에 있었던 일을 합리화하지 않는다. 과거의 굴레를 벗어 던지고 새로운 사고방식, 새로운 삶의 방식을 추구한다. 더 정확하게 말하면 새로운 삶을 추구한다. 문제는 변화가 일어날 수 있는 기회이다.

크리스(Chris)는 조개 상자에 얼음이 충분히 있지 않으면 화를 내고는 했다. '파이크 플레이스 피시' 의 비전을 마음으로 받아들이고 다른 동료들을 대하는 자세가 바뀌기 전까지는 그랬다.

나는 언제나 다른 사람의 지도를 기꺼이 받는다. 말을 잘 듣고 깊이 생각한 다음에 움직인다. 하지만 베어의 코치를 받을 때는 화가 났다.

나도 디스플레이 설치를 어떻게 하는지 잘 알고 있으며, 코치를 받을 필요도 없고 원하지도 않았다. 내 방식대로 설치하려고 했다. 내 방법이 옳다고 믿었기 때문이다. 완벽하다고 생각했다. 갈고리에 걸려 있었던 것이다.

게다가 나는 내 생각이 너무나 마음에 들었기 때문에 다른 사람들에게도 말하고 싶을 지경이었다. 이렇게 하는 것이 더 좋지 않아? 안 그래? 베어(Bear)의 방식은 낡았다고 러셀(Russell)에게 말했다. 그런데 놀랍게도 러셀은 그 자리에서 나를 불러 세웠다. 그리고는 코치 받는 자세에 대해 코치를 하기 시작했다. 베어는 그가 알고 있는 여러 방법 가운데 단 하나만을 알려 주었을 뿐이라고 말했다.

러셀의 말을 생각하며 트럭에 올라타 그날 팔 생선을 가지러 떠났다. 시장에서 몇 블록 떨어진 곳까지 가서는 차를 멈추고 선택을 내렸다. 잘못된 생각에서 벗어나기로 결심했다. 그리고 베어에 대한 생각도 바꾸었다. 베어가 세계적인 수준의 코치라는 사실을 인정해야 했다. 나 또한 완벽함을 추구하기 때문이다. 시장에 다시 돌아와 베어에게 말했다. "당신한테서 코치 받을 마음 자세가 되어 있지 않았었다. 이제는 당신의 말을 잘 듣겠다." 지금 생각해보면, 베어는 나를 최고로 만들고 있었던 것 같다. 다음 회의에서 나는 그를 인정하지 않을 수 없었다. 그가 아주 열심히 일하며 시장의 발전에도 큰 도움이 된다고 인정했다.

생각했던 것과 다르게 기회가 찾아올 수도 있다. 크리스와 베어는 그들의 관계를 새롭게 만들 기회가 여러 차례 있었지만 러셀의 도움을 받아야 했다. 베어에 대한 크리스의 생각에 러셀이 그냥 동의하고 넘어갔을 수도 있다. 하지만 러셀은 그렇게 하지 않았다. 한발 더 나아가 다른 사람의 코치를 받는 것에 대해 이야기하면서 크리스가 갈고리에서 벗어나도록 도와주었다. 크리스에 대한 러셀의 책임감 때문이었다.

  우리는 모두 서로가 성공하도록 돕는다. 베어의 코치를 거부했을 때 나는 나 자신, 나를 코치하는 상대방, 그리고 '파이크 플레이스 피시'의 비전에 대한 나의 책임을 다 하지 않고 있었다.

크리스

  문제를 기회로 전환시키는 프로세스를 통과할 때면 흥미로운 특별한 일이 일어난다. 문제에 빠져 있을 때는 어떻게 헤쳐 나올지 몰라 헤맨다. 하지만 그 문제의 해결책을 모를 뿐이라는 생각에 이르게 되면 뭔가 이상한 일이 벌어진다. 결과에 대한 집착을 놓아버린다.

  반면 어떤 정해진 결과에 계속 집착하면 새로운 기회가 모습을 드러내지 않는다.

  생선장수들은 어떤 변화구가 날아오더라도 받아칠 준비를 하고 인생을 살아간다. 평범한 삶은 주어진 대로 그냥 받아들이고 사는 것이다. 하지만 '파이크 플레이스 피시'에서는 그런 삶이 통하지 않는다. 도우(Doug)의 이야기를 통해 '파이크 플레이스 피시'의 생선장수들이 어떤 자세로 살고 있는지 이해할 수 있다.

어느 날 시장에서 일하고 있는데 한 친구가 거친 행동을 했다. 서로 아는 사이이기 때문에 평소 같으면 그런 것은 신경 쓰지 않는다. 하지만 욕을 하고 빈정대는 것은 참을 수가 없다. 특히 무슨 짓을 하는지도 모르고 그런다면 더욱 그렇다. 다렌(Darren)이 그렇게 행동했다. 화가 났다. 다렌이라면 알 만한 친구라고 생각했기 때문이다.

하지만 다렌이 문제가 아니었다. 내가 문제였다. '이 친구가 나를 놀리고 있구나.' 이렇게 생각했다. 하지만 실제로는 그렇지 않았다. 괜히 화가 났던 것이다. 갑자기 화가 나서 새우 상자를 다렌을 향해 힘차게 던졌다. 그러자 다렌이 험한 표정을 지으며 한참동안 나를 쳐다보고는 이렇게 말했다. "내가 참고 말지." 우리 모두 상황을 객관적으로 보지 않고 있었다. 자기 방식대로 생각했다. 우리 모두 잘못을 범했다. 그날 밤 회의 시간에 문제 해결의 기회가 왔다. 다렌이 나를 인정하기로 선택했다. "도우를 인정하고 싶다."고 그가 말하자, 나는 기회가 시작되고 있음을 알아차렸다.

우리는 서로에게 어떻게 말했어야 했는지 이야기했다. 나도
새우를 던진 내 행동에 잘못이 있었다고 인정했다. 그도 자
기 행동에 문제가 있었다고 인정했다. 우리는 모두 현명하
지 못했다는 점을 인정했다. 그리고 서로를 위해 어떻게 하
는 것이 좋은지 이야기했다. 우리는 서로를 사랑한다. 우리
는 포옹하고 눈물을 흘렸다. 이것이 전부이다. 기회가 오면
이런 일이 일어난다. 모든 문제를 해결하고 새로운 관계를
시작한다. 이런 식이다. "우리가 원한 것이 바로 이것이야!"

그렇게 하려면 용기가 필요하다. 자기 잘못을 솔직하게 사과하고 올바른 길로 인도하는 코치를 겸허하게 받아들일 용기가 있어야 한다. 그냥 저절로 되는 것이 아니다. 대립 상황은 끔찍하다. 화만 내고 있으면 기회가 오지 않는다. 또한 화를 낸다는 것이 자기만 생각한다는 의미일 수 있다. 나 자신은 옆으로 밀쳐 두고 어떤 문제에서 나의 책임 부분을 기꺼이 인정하고 받아들일 때만 진정한 기회를 맞이할 수 있다.

도우

새로운 어떤 특별한 것이 이루어질 가능성은 아주 평범한 것에서 시작된다고 생선장수들은 생각한다. 그리고 그들은 살아가면서 부딪히는 여러 가지 문제를 다른 방식으로 이해하고 대응한다. 문제와 장애물, 과제, 변화구에 대한 생각을 바꾸면서 생선장수들의 삶도 완전히 바뀌었다. 현재 여러분은 어떤 문제를 갖고 있는가? 그 문제에서 기회를 만들어내고 있는가? 어떤 식으로 기회를 만드는가? 상황에 굴복하여 화만 내고 있지는 않은가? 그러지 말고, 문제에서 기회를 창출하는 더 생산적이고 힘찬 삶을 경험해야 하지 않겠는가?

6장 — 요약
Summary

- 문제나 대립 상황에서 변화의 기회가 생긴다.

- 기대 수준에 맞지 않는 경험을 하게 될 때, 자아가 확고하지 않을 때, 모든 것이 저쪽에 있다고 생각할 때 문제가 발생한다.

- 문제가 클수록 변화의 기회도 크다.

7 활기찬 삶을 살자

초점의 확대

활기찬 삶을 살기 위해서는 스스로 만든 굴레를 벗어나 목표와 초점을 확대시켜야 한다고 생선장수들은 믿는다. 첫 단계는 자기 삶에 책임을 지는 것이었다. 자기 생각과 말, 행동에 책임지는 자세를 가져야 한다. '바로 여기에 모든 것이 있다.'고 생각하기 시작하면서 그들은 변했으며, '파이크 플레이스 피시'의 범위 바깥으로 초점을 확대시켰다. 어떤 삶을 살고 싶은지, '파이크 플레이스 피시'를 어떤 곳으로 만들고 싶은지 생각하면서 변화가 일어났다. 생각이 구체화되면서 여러 가지 일들이 벌어졌으며, 전에는 상상도 못했던 기회가 그들 앞에 모습을 드러내기 시작했다. 그리고 진정한 변화의 문이 열렸다.

손님이나 고객을 위해 차이를 만드는 것에 대해 생각도 하지 않는 사람이 많다. 비즈니스는 비즈니스일 뿐이라고 생각한다. 앤더스(Anders)는 사람들이 매출에만 집중하기 때문에 물건을 사는 '사람'을 놓치는 경향이 있다고 말한다. 하지만 손님이나 고객에게 중점을 두게 되면 처음에 원했던 매출목표는 자연스럽게 따라온다.

대부분의 기업이 사람을 위해 차이를 만드는 것은 생각하지 않는다. 그저 금고에 돈이 쌓이는 것만 중요하게 생각한다. 어디를 가도 눈을 보며 말을 거는 사람이 없다. 그저 물건 팔 생각만 한다. 내가 원하는 것은 보다 인간적인 면이다. 나는 사람들이 미소를 지으며 내 가게에서 나가기를 원한다. 그 작은 변화가 그들의 일상생활 전체에 큰 영향을 줄 것이다. 대부분의 사람은 A에서 B로 가는 과정은 중요하게 생각하지 않는다. 흔히 이렇게 말한다. "우리 식구가 저녁에 먹을 생선을 사러 간다." 한참 뒤에 있을 저녁 식사만 생각한다. 시장에 와서 생선을 고르고 계산하고 집으로 돌아가는 그 모든 과정은 중요하지 않은 것이다. 현재를 놓치고 있다. 몇 시간 뒤에 있을 저녁 식사만 생각한다. 현재가 아니라 미래를 살고 있는 것이다. 이렇게 하는 사이에 그들의 삶에서 2시간은 그냥 사라진다. 그 빈 자리를 채워주고 싶다. 기분 좋은 인간적 만남으로 채워주고 싶다. '사람 사이의 모든 사소한 것들(little things in between)' 이 바로 삶이다.

Anders 앤더스

　목표에 책임을 지고 눈앞의 일에 충실한 삶을 살기로 하면서 앤더스의 인생에 많은 변화가 일어났다. 잠을 자듯이 살아가고 있는 사람들을 보며 그는 안타까움을 느낀다. 사람들의 그런 모습에 실망하기도 한다. 동시에 앤더스는 사람들이 깨어 있지 않고 자각하지 못한다고 해서 실망해서는 안 된다고 생각한다. 이 세상에서 차이를 만들고 싶어 하는 그는 사람들을 잠에서 깨우고 깨닫도록 하는 것이 자기 역할이고 책임이라고 믿는다.

　'파이크 플레이스 피시' 의 생선장수들은 자기 행동에 대한 책임을 피하지 않는다. 자기가 아닌 다른 사람을 위해 차이를 만들겠다는 목표를 세우고 생활하면 상상할 수 없는 엄청난 일이 벌어진다. 특별히 노력하지 않아도 그렇게 된다. 설명하기 어렵지만 직접 경험해 보면 알 수 있다. 그런 순간을 우리는 흔히 '신의 조화'나 '행운', '우연', '운명'이라고 부른다. 하지만 실제로는 모두 자기 자신이 그렇게 만든 것이다.

제이슨(Jaison)의 다음 이야기에서 즐겁게 일하는 것이 얼마나 멋진 일인지 알 수 있다. 하지만 단순한 즐거움 이상의 더 많은 의미가 있다. 초점을 다른 사람에게로 확대하고 다른 사람을 위해 차이를 만들지 않으면 즐거움도 없다고 그는 믿는다.

시장에서 일하는 나에게 사람들이 다가와 "우리도 일터에서 생선을 던진다."고 말할 때면 기분이 좋다. 동료들과 함께 시작할 수 있는 좋은 방법이라고 생각한다. 모든 사람이 즐겁고 활기차게 일해야 한다. 하지만 다른 사람들과도 함께 해야 한다. 나 자신과 함께 일하는 주위 사람들만 생각한다면 다른 사람을 위해 차이를 만들지 못한다. 초점을 확대해야 한다. 나 자신과 같이 일하는 사람들의 틀에서 벗어나야 한다.

시장을 찾는 손님들과의 관계를 생각해보면 우리가 서로 대화를 나누며 관계를 맺을 때 사람들의 얼굴에는 미소가 번지고 빛이 난다. 나와의 대화와 관계가 단순히 생선을 사고 파는 거래만은 아닌 것이다. 차이를 만든다는 말의 가시적 성과는 단골 고객의 증가로 평가할 수 있다. 손님들의 이름이 기억나지 않을 수도 있다. 하지만 그들은 나를 기억한다. 이름은 제이슨이고 음악을 하며 드럼을 친다. 나와의 만남과 대화를 기억할 것이다. 하지만 내가 진정으로 누군가의 마음을 사로잡는다면 영원히 지속되는 관계를 만들 수 있다. 나와 이야기를 하기 위해 오는 단골 고객이 늘어나는 것이다. 그들은 나의 서비스를 다시 원한다.

제이슨

위대함의 실현

　　　　‘파이크 플레이스 피시’의 생선장수들은 서로의 성공을 위해 노력하며, 다른 사람을 위해 차이를 만든다는 생각으로 일하고 있다. 그 모든 부분에서 위대함이 실현되고 있다. 크리스(Chris)는 사람들이 진짜 ‘월드 페이머스 파이크 플레이스 피시’를 체험할 수 있게 하고 자기가 사람들을 정말로 생각한다는 점을 모두가 인정할 때 위대함이 실현되는 것이라고 말한다. 위대함이 실현되도록 하려면 생선장수들 사이에 끊임없는 커뮤니케이션이 필요하다. 다른 곳에서는 자기 일에 대한 평가결과가 나오려면 한참 기다려야 하지만 ‘파이크 플레이스 피시’에서는 자기가 하는 일에 대해 즉각적인 피드백을 계속 받을 수 있다. 크리스는 그런 점이 좋다고 말한다.

이곳 생선장수 몇 명과 친구 사이였기 때문에 ‘파이크 플레이스 피시’에서 어떻게 일하는지 어느 정도는 알고 있었다. 생선을 던지고 소리를 질러대는 것 이상의 많은 것이 있다고는 생각했지만 다른 사람을 위해 차이를 만든다는 것은 상상도 못했다. 손님들은 다른 곳에서 생선을 살 수도 있다. 하지만 그들은 꼭 이곳에 온다. 내가 진정으로 그들을 생각하며 그들과 함께 하기 위해 노력한다는 점을 알아주기 때문이다. 생선 이상의 더 많은 것이 있다.

우리는 나름대로 큰 그림을 그리는데 기여한다. 나는 다른 사람보다 약간 내성적이다. 내 마음을 잘 드러내지 않는다. 로큰롤 밴드를 예로 들 수 있다. 리드 싱어가 앞에 나서 노래를 하고, 드러머는 뒤에서 연주를 한다. 나는 베이스 연주자라 할 수 있다. 조용하면서도 멜로디를 계속 연주한다. 그런 식으로 나는 냉장고에 쌓인 물건을 정리하고 다른 많은 일을 한다. 록 스타가 사람들이 원하는 노래를 계속 부를 수 있도록 뒤에서 지원한다. 나의 역할이 바로 그것이다.

5년 넘게 회사를 위해 일하고도 내가 어떤 기여를 하고 있으며 그에 대한 평가가 어떤지도 모른다는 것은 이해할 수 없다. 자기가 어떻게 일하고 있는지 알려면 업무평가를 할 때까지 기다려야 하는 곳이 많다. 이곳 '파이크 플레이스 피시'에서는 나에 대한 평가결과를 바로 알 수 있다. 항상 코치를 하고 코치를 받기 때문이다.

'세계적으로 유명한 곳'을 추구하는 '파이크 플레이스 피시'의 비전이나 우리 서비스 또는 제품 품질에 맞지 않는 어떤 일을 내가 한다면 다른 누군가가 나에게 바로 지적을 해준다. 또한 그렇게 하는 사람이 있다면 나도 그 사람에게 말할 책임이 있다. 여기서 1주일을 일했든 10년을 일했든 그런 것은 중요하지 않다. 나는 모든 사람을 책임진다. 모두들 서로에게 책임감을 갖는다. 그리고 '파이크 플레이스 피시'를 위대하게 만들고 사람들의 삶을 풍요롭게 하기 위해 노력한다.

크리스

또한 생선장수들은 어떤 상황과 여건이 실제로는 처음 보았을 때 느꼈던 것처럼 어떻게 해볼 수 없을 정도로 단단하게 고정된 것이 아니라고 생각한다. 노력 여하에 따라 충분히 바꾸어 놓을 수 있다. 그리고 '파이크 플레이스 피시'를 벗어나 초점을 확대한 생선장수들은 생각했던 것보다 훨씬 더 큰 힘이 자신들에게 있다는 사실을 깨달았다.

목표를 인식하고 그 목표의 실현을 위해 노력하는 과정에서 위대함이 실현된다. 목표의 실현이 어떻게 이루어질지 모를 수도 있다. 하지만 그렇게 된다. 사람마다 위대함의 의미가 다르다. 바이슨(Bison)의 경우에는 냉장고를 깨끗이 비우는 것이 위대함을 실현하는 한 방법이다. 더 많은 생선이 날아다니도록 하는 것이다.

차이를 만드는 조직과 관련하여 내가 말할 수 있는 한 가지
는 이것이다. 달성해야 할 목표가 있어야 한다. 나만의 게임
을 한다. 위로 올라가면 나는 많이 팔기 위해 최선을 다 한
다. 하루 종일 불평만 하고 있으면 많이 팔 수 없다. 최고에
가까이 가지 못하면 화가 나고, 그 때문에 더 열심히 일한다.
상황에 따라서 나 자신을 몰아치며 할 수 있는 모든 일을 다
한다. 냉장고를 최대한 깨끗하게 치우려고 노력한다. 모든
생선을 냉장고에서 다 치워버리는 것이다.

긍정적인 방식으로 나 자신과 경쟁을 벌인다. 우리 모두 최
고가 되기 위해 노력한다면 평범한 회사도 위대한 회사가
될 것이다. 자기 능력을 키우고 조직 전체를 발전시킨다면
일이 훨씬 더 즐거울 것이다. 아직은 최고가 아니다. 더 많은
것을 배우려 노력한다. 새로운 것을 시도한다. 생선을 다듬
고 포장하는 기술을 모두 익히려고 한다. 그런 다음에 앞으
로 나가 보여줄 것이다. 하지만 나는 나 자신의 능력과 실적
뿐만 아니라 동료들도 항상 생각하고 있다.

'파이크 플레이스 피시' 방식의 삶을 사랑한다. 모든 것을
아주 명쾌하게 이해할 수 있다. 하나의 아이디어가 구체적인
비즈니스로 실현되는 과정은 놀랍기 만하다. 현재 자동차 보
험만 전문으로 하고 있다면 다음에는 생명 보험 같은 다른

분야에서도 전문가가 되도록 노력해야 한다. 고객 서비스 기술을 완전히 익히고, 동료를 대하는 기술도 습득해야 한다. 팀이나 회사를 위해 나 자신을 더욱 가치 있게 만들 수 있는 것은 무엇이나 한다. 동료에 대한 배려도 빼놓지 않는다. 나 자신만 생각하면 동료보다 더 뛰어난 성과를 거두는 것만으로도 충분하다. 하지만 다 함께 발전해야 한다. 더불어 살아가야 한다. 그것이 바로 위대함을 실현하는 길이다.

바이슨

바이슨의 이야기에서 중요한 것은 다른 사람을 희생시켜 가며 나 혼자 성공하는 것이 위대함을 의미하지 않는다는 점이다. 다 함께 발전하고 성공할 때 위대함이 실현된다. 위대함은 개인적 행동의 결과물이 아니다. 함께 이루어 가는 것이다. 위대함을 실현하는 어떤 요령이나 비법은 없다. 위대함은 개인의 의지와 노력에 달려 있기 때문이다.

생선장수들은 언제나 자기가 어떤 의미를 지닌 존재인지 묻고, 발을 딛고 있는 이곳에서 위대함을 실현할 기회를 항상 찾는다. 바로 여기에 모든 것이 있다. 여러분에게 위대함이란 어떤 것을 의미하는가?

지금 당장 변화를 시작하라.

자신만의 위대함을 실현하고 활기찬 삶을 추구해야 한다. 바이슨의 이야기에서 알 수 있듯이, 위대함의 실현은 자기 목표에 따라 행동하고 생활할 때 가능하다. 그는 '파이크 플레이스 피시'의 모든 일을 익히고 열심히 일하며 위대함을 실현한다. 다렌(Darren)의 다음 이야기에서는 시간 낭비를 피하고 자기 삶에 충실한 것이 그를 위대함으로 향하게 하는 길임을 알 수 있다.

'파이크 플레이스 피시'에서 일하며 배운 한 가지는 나의 삶에 충실해야 한다는 것이다. 이제는 더 이상 시간을 낭비하지 않는다. 시간만 낭비하는 사람이나 상황은 최대한 피한다. 시간은 소중한 것이다. 그러므로 나에게 도움이 되지 않는 누군가와 관계를 맺거나 친구 사이가 되거나 만나야 하는 상황이 된다면, 아니면 내가 원하는 그런 것이 아닌 상황이라면 그렇게 하지 않으려고 한다. 해야 할 일도 있고, 어떤 이유에선지 그래야 한다고 생각하기 때문에 하는 일들도 있다. 더 이상 쓸데없는 일을 하지 않는다.

이기적인 것과는 구분할 필요가 있다. 다른 사람을 생각하기 전에 먼저 나를 생각해야 한다.

내 인생의 많은 부분은 다른 사람, 친구와 동료가 차지한다. 그들에게 도움이 되고 싶으며 그들의 발전에 기여하기를 원한다. 그리고 그렇게 한다.

'파이크 플레이스 피시'에서 일하면서 나는 나의 삶이 다른 사람에게 어떤 영향을 주는지 깨닫게 되었다. 항상 나 자신에게 묻는다. 나 자신만을 위한 삶을 살고 있는가? 아니면 다른 사람을 위해 차이를 만들며 할 수 있는 모든 것을 하고 있는가? 자각의 문제이며 현실에 충실하느냐의 문제이다. 그렇기 때문에 나는 가능하면 다른 사람을 위해 기꺼이 도움이 되고자 한다.

다른 생선장수들도 다렌처럼 시간의 소중함을 깨달았다. 또한 그들은 관계가 얼마나 소중한지도 깨달았다. 새로운 기회를 만들고 자기 생각과 말을 인식하며 위대함을 추구하는 것이 하나의 라이프스타일임을 그들의 많은 이야기에서 알 수 있다. 일종의 진화과정이며 자신이 자기 삶을 창조한다는 근본적인 믿음을 바탕으로 하고 있다. 위대함은 다른 사람과의 커뮤니케이션 방식에 달려 있다. 하지만 이보다 더 중요한 것이 자기 자신과의 커뮤니케이션이다. 앤더스의 이야기처럼 한 인간으로서 자신이 갖고 있는 힘을 깨달아야 한다.

손님들의 행복을 위해 내가 여기에 있다는 점을 손님들이 알아주기를 바란다. 진짜 불행한 사람을 만나면 나는 모든 것을 멈추고 그 사람이 웃으며 돌아갈 수 있도록 최선을 다한다. 이렇게 말한다. "손님이 웃음을 되찾길 바라며 그렇게 하기 위해 무슨 일이든지 하겠습니다." 예를 들어 어떤 손님에게 이런 말을 한 적이 있다. "화가 나셨군요. 화를 낼 일이 많겠죠. 사람이다 보니 그럴 수 있습니다. 웃음을 되찾고 돌아가시면 좋겠습니다. 어떻게 하면 좋을까요?" 화가 나있었던 그 손님은 경계를 풀고 이야기를 시작했다.

"그런 말을 들으니……. 글쎄요, 다른 게를 한번 볼까요?" 몇 초 뒤에 그의 행동이 완전히 비뀌었으며, 그런 자기 모습을 깨닫고는 한참을 웃었다. 이런 식이다. 그 손님은 자신을 화나게 만든 것에 사로잡혀 있었다. 나는 그것이 얼마나 사소한 것인지 깨닫도록 했다. 그는 웃음을 되찾았다. 그렇게 집으로 돌아갔다.

항상 그렇게 되지는 않는다. 그저 손님들을 위해 최선을 다한다는 나의 마음을 알아주기만 바랄 뿐이다. 내가 원하는

것은 이것이다. 기분 나쁜 상태에 있는 누군가를 웃게 하겠
다고 생각하며 일하게 만든 힘을 '파이크 플레이스 피시' 가
주었다.

사람들은 자기가 큰 조직의 일원일 뿐이며 수많은 사람이

일하고 있기 때문에 그 회사를 위해 큰 차이를 만들어낼 능력이 없다고 말한다. 하지만 나도 '파이크 플레이스 피시' 에서 일하는 17명 가운데 하나일 뿐이다. 우리는 수백 만 명의 삶에 큰 차이를 만들고 있다. 수백 만 명을 17로 나누면, 내가 책임지고 있는 사람이 수십 만 명에 달한다. 하지만 나는 그저 한 사람에 불과하다. 흔히 생각하듯이 아무 힘도 없는 무의미한 존재일 뿐이다.

세상을 변화시킨 모든 사람들을 생각해보자. 위대함을 실현시킨 모든 사람들도 그저 '한 개인' 일 뿐이다. 마틴 루터 킹(Martin Luther King, Jr.), 넬슨 만델라(Nelson Mandela), 간디(Gandhi), 루스벨트(Roosevelt), 모두 그저 한 사람의 인간일 뿐이다. 그들도 큰 조직의 일부일 뿐이며 자기 존재가 너무나 미미하기 때문에 어떻게 해볼 도리가 없다고 생각했다면 세상을 움직이지도 못하고 역사에 이름을 남기지도 못했을 것이다.

나 자신도 아무 힘없는 무의미한 존재라고 생각한다면 그렇게 된다. 실제로 그렇기 때문이 아니라 그렇게 생각하고 말하고 행동하기 때문에 그렇게 된다.

168

우리는 고정된 행성에서 살고 있지 않다. 모든 것이 매일, 매 순간마다 역동적으로 진화하고 변화한다. 매일 우리가 경험하는 변화의 속도에 따라 우리는 다른 사람이 되어간다. 오늘날의 변화속도는 과거보다 훨씬 빠르다. 때로는 따라 잡을 수도 없다. 우리의 삶은 육체적, 감정적, 지적, 영적 차원에서 끊임없는 변화의 과정이라 할 수 있다. '인생'이라 부르는 이 프로세스에서 벗어날 수 있는 사람은 아무도 없다.

우리는 짧은 시간 안에 가능하면 더 많은 경험을 원한다. 그렇게 되려면 사고의 전환과 새로운 존재 방식이 필요하다. '파이크 플레이스 피시'의 생선장수들은 마음의 문을 열고 자신의 목표와 가능성을 추구한다.

가장 중요한 것은 이것이다. 변화는 현재의 자신에서 시작된다. 이 책을 읽으며 어떤 것을 얻고 느끼는지도 모두 자기에게 달려 있다. 열린 마음으로 이 책을 읽고 교훈을 얻으면 자기 자신, 다른 사람과의 관계, 직장, 지역 사회, 이 세계를 위해 새롭고 강력한 기회를 만들어갈 수 있을 것이다.

생선장수들의 이야기에서 새로운 사고방식을 배워 자기 삶과 일터에 적용해보자. 여기에서 이야기되는 많은 것들을 자기 삶에 적용하고 추구한다면 인생이 바뀌는 것을 보고 느낄 수 있다. 주위의 모든 것이 변할 것이다. 그 변화를 주도하고 그 기회를 만들어 가는 주체는 바로 자기 자신이다. 무한한 가능성을 지닌 세상을 향해 앞으로 나가자. 활기찬 삶을 살고 자기 행동에 책임을 지면서 위대한 삶을 만들어 가자.

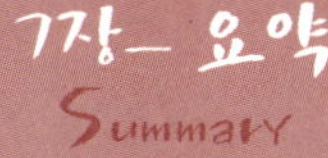

- 초점과 목표를 확장시킬 때 위대함을 실현시킬 수 있다.

- 다른 사람을 위해 차이를 만든다는 책임감이 없으면 즐거움도 없다.

- 위대함은 다른 누군가의 희생으로 이루어지지 않는다.

- 변화는 바로 당신, 현재의 당신으로부터 시작된다.

저자 소개

신디 크로터

신디 크로터 박사는 샌 루이 오비스포에 위치한 캘리포니아 폴리테크닉주립대학교 산업기술학과 조교수로 있으며, 지난 9년 동안 품질 보증, 기업 교육, 팀 조직, 경영 프리젠테이션 등을 주제로 강의를 해왔다. 조직의 효율성과 지속적인 개선을 연구하는 저자는, 앞으로도 다양한 유형의 특이한 조직에 대한 책을 쓸 계획이다. 현재 2권 이상의 책을 준비 중에 있으며, 리더십 개발과 혁신에 대한 컨설팅을 포함해 활동 영역을 넓혀가고 있다. 궁금한 사항이 있으면 아래의 연락처로 문의하길 바란다.

Dr. Cyndi Crother

Industrial Technology Department

Cal Poly, San Luis Obispo

San Luis Obispo, CA 93407

ccrother@calpoly.edu

www.guidetogreatness.com

Cyndi@guidetogreatness.com

'월드 페이머스 파이크 플레이스 피시'의 생선 장수들

몇 년 전에 '파이크 플레이스 피시'의 생선 장수들은 이곳을 세계적으로 유명한 곳으로 만들자고 뜻을 모았으며 결국 이 목표를 달성했다.

생선 던지기는 '파이크 플레이스 피시'의 명물이 되었고, 이곳에서 일하는 생선 장수들은 사람과의 관계를 통해 다른 사람의 삶에서 차이를 만들겠다는 목표를 갖고 살아간다. 그들은 모든 손님이 최고의 서비스를 경험하도록 한다. 또한 모든 사람의 행복과 세계 평화의 가능성도 굳게 믿는다. 한 사람이 다른 사람의 삶에 영향을 줄 수 있다고 믿으며, 수많은 사람의 삶의 질을 높이는데 기여할 수 있다고 확신한다. 그렇게 믿고 실천한다.

'파이크 플레이스 피시'의 성공을 가능하게 한 철학과 원칙을 알고 싶어 하는 곳이 많다. 궁금한 사항이 있으면 아래의 연락처로 문의하길 바란다.

World Famous Pike Place Fish

86 Pike Place

Seattle, WA 98101

Telephone : 206-682-7181

Toll-free : 1-800-542-7732

Fax : 206-682-4629

pikeplacefish@pikeplacefish.com

The POWER of HABIT

아이디북

#미국 〈아마존 비즈니스 도서〉 베스트셀러

습관의 힘

한국어판 국내 독점 발간!!

성공하는 사람과 보통 사람의 궁극적인 차이는 무엇일까?

성공하는 사람의 공통분모는 좋은 습관을 가진 일상생활을 하고 있다는 것이다.
어떤 분야이든지 성공한 사람들, 운동가, 변호사, 정치가, 의사, 사업가, 음악가,
세일즈맨 등은 그들만이 갖고 있는 가장 뛰어난 것이 하나 있다.
─그것은 좋은 습관이다.

잭 D. 핫지 지음 | 김세중 옮김